Eva-Maria Ammon

Metatron

Ancient-Master-Healing

Selbstermächtigung durch Selbsteinweihung

Bitte fordern Sie unser kostenloses Verlagsverzeichnis an:

Smaragd Verlag
In der Steubach 1
57614 Woldert (Ww.)
Tel.: 02684.978808
Fax: 02684.978805
E-Mail: info@smaragd-verlag.de
www.smaragd-verlag.de

Oder besuchen Sie uns im Internet unter der obigen
Adresse.

© Smaragd Verlag, 57614 Woldert (Ww.)
Deutsche Erstausgabe Januar 2008
Vierte Auflage: August 2008
Umschlaggestaltung: preData
Satz: preData
Printed in Czech Republic
ISBN 978-3-938489-63-5

Eva-Maria Ammon

Metatron

Ancient-Master-Healing

Selbstermächtigung durch Selbsteinweihung

Smaragd Verlag

Über die Autorin

Die Autorin lebt mit ihrer Familie in Norddeutschland. Hier gründete sie 1990 das Institut ISIS. Sie arbeitet seit mehr als 20 Jahren mit den Meisterebenen und gibt die Informationen in ihren Büchern, Seminaren und im Internet gerne an die Menschheit weiter.

Seit 1985 arbeitet sie als Seminarleiterin, Autorin und spirituelle Lehrerin und hat in Zusammenarbeit mit den Aufgestiegenen Meistern die alte/neue Heilform Ancient-Master-Healing und die Delfin-Kristallpalast-Ermächtigung begründet, die uns Menschen 2001 von den Aufgestiegenen Meistern zurückgegeben wurden.

Ihr Anliegen ist es, dass möglichst viele Seelen in dieser aufregenden Zeit, in der wir jetzt leben, immer mehr sich selbst entdecken: ICH BIN göttliche Energie, göttliche Schöpferkraft und göttliche Liebe.

www.omkara.de
Email: info@omkara.de

Metatron & Miranlaya

Das heilende Geschenk an dich, an die Menschheit und unsere Erde

Selbstermächtigung durch Selbsteinweihung

Ancient-Master-Healing
Das Licht, das du bist

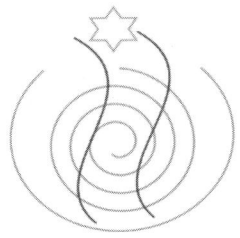

Selbstermächtigung

Du bist dein eigener Lehrer!
Du bist dein eigener Meister!

Es ist eine göttliche Gabe, keinen Führer zu benötigen.
Es ist eine göttliche Gabe, Liebe, Reinheit
und Klarheit zu finden.
Es ist eine göttliche Gabe,
deinen eigenen Aufstieg zu erfahren.

Selbstermächtigung ist das Geschenk der Quelle an dich!

Ancient-Master-Healing ist dieser Weg.
Es ist dein Weg der Liebe.

Ancient-Master-Healing ist dein Geschenk an dich selbst
und an die Welt für den Aufstieg der Liebe.

Inhaltsverzeichnis

Vorwort

Als ich im Jahre 1999 von Sananda und Kwan Yin gebeten wurde, mit ihrer Unterstützung eine uralte ewiggülti-
ge Heilkunst für die Neue Zeit zu erinnern und sie der Welt
zum Geschenk zu machen, ahnte ich nicht, dass nur sieben Jahre später Metatron an mich herantreten würde, um
mich zu bitten, dieses bisher nur in Seminaren vermittelte
Wissen als Buch zu veröffentlichen. Laut Metatron ist es
nun an der Zeit für all die vielen Seelen, die auf dem Weg
des Dienstes am Großen Plan sind, in die Selbstermächtigung zu treten und die Suche im Außen zu beenden.

Ancient-Master-Healing lässt dich erinnern, wer du wirklich bist. Es ist das wundervolle Geschenk aus dem Universum der Liebe, das du selbst dir bereits hier auf Erden
erschaffen darfst, damit dein göttliches Licht leuchten und
deine eigene Welt sich in Licht und Liebe entfalten kann.
Ich bin voller Demut vor der Größe dieser Energie und voller Dankbarkeit, dass ich erwählt wurde, dir diese Kraft, die
in dir schlummert, zum Geschenk machen zu dürfen. Hier
danken die Meister und auch ich ganz besonders Mara und
Gaby vom Smaragd Verlag, dass sie dieses Geschenk so
freudigen Herzens entgegennehmen und die Möglichkeit
erschaffen, es an dich und an die Welt weiterzugeben.

Ein Buch erreicht so viele Menschen, mehr, als ein
Seminar es kann, selbst dann, wenn viele Lehrer dieses
Seminar geben. Daher ist nun die Zeit gekommen, in der

Metatron und seine Partnerin Miranlaya mit diesem Buch einen kraftvollen Weckruf in die Energie des Erwachens senden und dich ermächtigen, die göttliche, liebende Macht in deinem Leben in Besitz zu nehmen und dich in deine Selbstermächtigung zu weihen. Sie werden dich nach deiner Weihe auf allen Ebenen fördern und unterstützen, damit der Große Plan, die universelle Liebe in der Dritten Dimension zu erfahren, für viel mehr Menschen erfahrbar wird, als die Zeichen dies zurzeit erahnen lassen.

Die Meister haben erklärt, dass es jetzt für viele Lichtarbeiter an der Zeit ist, aktiv am Wendezeitpunkt das Universelle Licht unter die Menschheit zu tragen, damit der Übergang für möglichst viele erreichbar wird. Die Dimensionen verschieben sich; die alten Kräfte, die die Erde verdunkeln, sind bestrebt, so viele Lichtseelen wie möglich von ihrem Aufstieg zu entfernen. Dies geschieht so unbemerkt, dass immer mehr Suchende straucheln, ohne es zu bemerken. Darum bist du auserwählt, dich an das Licht, das du in Wahrheit bist, zu erinnern und mit diesem Licht deine eigene Welt erstrahlen zu lassen, um dann Wellen des Lichts aus deinem Umfeld in die Welt und an die Erde zu senden.

Ancient-Master-Healing ist ein starker Schutz vor der Dunkelheit, die sich in dieser aufregenden Zeit immer stärker offenbart. Sie zeigt sich während der Wende hin zum Licht oft so stark, dass viele erwählte Seelen zweifeln, ob Aufstieg überhaupt noch möglich ist. Ja, der Aufstieg ist möglich, und er findet statt. Wie viele der Menschen, die sich selbst erwählt haben, diesen Aufstieg zu begleiten und zu erfahren, daran teilhaben, das liegt in der eigenen Selbstermächtigung, Inseln des Lichts im eigenen Umfeld zu begründen.

Um diesen Aufstieg so vielen mehr Menschen zu ermöglichen, als die ausgebildeten Lehrerinnen und ich alleine dies in Seminaren können, wurde dieses Buch geschrieben, damit du selbst dich in vollkommener Selbstermächtigung in die wunderbare Heilkraft des Universellen Lichts begeben kannst. Dies ist ein wundervolles Geschenk von Metatron und Miranlaya an die Menschheit, und erst die jetzige Zeit mit ihren erhöhten Energien macht dies möglich.

Dieses Buch ist ein Arbeitsbuch, das dir ermöglicht, dich selbst, in Verbindung mit den Aufgestiegenen Meistern und Meisterinnen, in die kraftvolle Energie der Quelle einzuweihen. Es sind Channelings enthalten, die die Meister in ihrer Energie anheben und dir genau anpassen werden.

Du kannst damit alleine arbeiten, wenn du möchtest. Wir empfehlen dir jedoch, dass du dir eine verwandte Seele suchst, die ebenso wie du den Wunsch hat, die Göttlichkeit in sich selbst zu finden, sie aus sich herausstrahlen zu lassen, um damit die eigene Welt und die Energien auf Erden zu verändern. Arbeitet gemeinsam dieses Buch gut durch. Unterstützt euch gegenseitig bei den Meditationen und geht gemeinsam in die wunderbare Einweihung, die nicht nur mein ganzes Leben, sondern das sehr vieler Menschen, die die Einweihung erfahren haben, zum Positiven auf allen Ebenen verändert hat.

Die Meister sind sofort an deiner oder eurer Seite, wenn du oder ihr gemeinsam zu arbeiten beginnt, und werden zur rechten Zeit die endgültige Einweihung vollziehen.

„Wo zwei oder drei in meinem Namen versammelt sind, da bin ich mitten unter euch", sagte mein „Chef" Sananda vor 2000 Jahren. Darum sei dir gewiss, dass alle Meister und alle universellen kraftvollen Energien bei, mit und in dir sind, wenn zwei Seelen sich verbinden, um Gott und Göttin auf Erden zu werden, zu sein und alles zu heilen durch reines Sein.

Ich wünsche dir reichen Segen in all deinen Belangen. Möge *Ancient-Master-Healing* dich zu einem Magneten für die reine Liebe erwachen lassen, die alles ist, was existiert.

Eva-Maria Ammon, im Juni 2007

Ich bin Metatron – Ich bin Miranlaya

„Geliebte Verkörperung der Quelle auf Erden. Wir ehren dich für deine Bereitschaft, in der Heimat deiner Wahl dein Licht zu entfachen, ein Heiler für die Seele der Existenz zu sein und damit das Aufstiegsfeuer der Neuen Zeit zu entzünden.

Schwestern und Brüder aus dem Licht des Lichtes, die ihr die Göttlichkeit auf Erden ersehnt. An vielen Orten in eurer Welt, die einst von der Göttin geschaffen , die einst von der Göttin geweiht wurden, ist es scheinbar dunkel geworden. So viele Schmerzen in so vielen Leben verletzen das Sein in seiner Vollkommenheit. Der Segen der Göttin begleitet die Erde. Doch statt dich in diesem Segen zu sonnen, suchst du nach der vollkommenen Erleuchtung, die seit Anbeginn der Zeiten in dir wohnt, außerhalb deines irdischen Selbst. Erleuchtung jedoch findet in jedem Augenblick deines irdischen Seins statt, wenn du dich deiner Seele erinnerst, wenn du deine Seele in dein Leben einlädst und wenn du zu deiner Seele wirst. Erkenne die kleinen Schritte deiner eigenen Erleuchtung, Durchleuchtung. Dann wirst auch du auf Erden zu dem strahlenden Licht, das du in Wahrheit längst bist. Du hast es nur vergessen.

Wisse, der erste Schritt auf dem Weg zu dem, was du in Wahrheit bist, ist die vollkommene Selbstermächtigung. Selbstermächtigung in den Teil deiner multidimensionalen

Seele, den du gerade jetzt verkörperst, ist dein direkter Weg in die Freiheit deines göttlichen ICH BIN. Wenn du erkennst, dass du Gott und Göttin in dir trägst, ja, dass du selbst ein winzig kleiner Teil der allumfassenden Gottheit bist, die alles ist und durchdringt, was existiert, dann wirst du mehr und mehr deine Göttlichkeit aus dir strahlen lassen. Wenn du diese deine Göttlichkeit in dir erweckt hast, dann kannst du der Welt das Licht sein, das du dir als deinen Part in dieser aufregenden Zeit erwählt hast. So werden Friede, Freude, Wohlstand auf allen Ebenen deines Seins, Erleuchtung und Gelassenheit dein Leben bestimmen. Mit der Strahlung, die du selbst verbreitest, berührst du deinen Nächsten und jedes Elektron in deiner Umgebung. Dir dies bewusst werden zu lassen ist wichtig in der heutigen Zeit. Auch deine Umgebung, dein Haus, deine Wohnung, die Natur, – alles, was durch die Größe deiner Aura berührt wird, kann Heilung erfahren. Wie sich das auf Menschen auswirkt, die nicht näher mit dir verbunden sind, liegt jedoch an deren Bereitschaft, sich selbst zu erwecken. So kann deine kleine eigene Insel aus Licht zu deinem Paradies auf Erden für dich selbst, alle Naturwesen und natürlich auch für die Erde selbst werden.

Selbstermächtigung beginnt mit dem Wissen, dass du im tiefsten Kern deiner Selbst göttlich bist und nichts, aber auch absolut gar nichts, dich in irgendeiner Weise verletzen kann. Zu wissen, dass du unverletzbar bist auf allen Ebenen deines wahren Seins, nimmt dir jegliche Gefühle von Angst oder Abhängigkeit an irgendjemanden oder irgendetwas außerhalb von dir. Selbstermächtigung beinhaltet, du weißt und erkennst an, dass du selbst dich in deine Inkarnationen begeben hast, weil du in der Schwere der Abwesenheit von Licht erfahren willst: Du bist göttlich. Und damit du dich selbst in der Dritten Dimension der Abwesenheit von Licht, wie sie sich in den letzten 6000 Jahren auf der Erde zeigte, in deine Göttlichkeit erhebst. Selbstermächtigung ist jedoch auch, dass du dich auf das Licht in dir besinnst und das göttliche Licht der Heilung und Liebe in die scheinbaren Dunkelheiten im Außen sendest. Selbstermächtigung ist zu erkennen, dass du alles bist. Zu erkennen, alles in deinem Umfeld und in dir selbst zu erschaffen, dafür die Verantwortung zu übernehmen und deine Schöpfungen anzuerkennen.

Viele von euch verspüren in sich ein Drängen nach vorne. Viele von euch erspüren eine zunehmende Dunkelheit in dieser Welt und sind beseelt von dem einen Wunsch, diese Dunkelheit zu durchleuchten. Diese Dunkelheit ist Teil dieser dualen Welt. Sie ist eine Illusion, dazu geschaffen, dass du erfahren kannst, welch wunderbarer Juwel deine Seele im Licht ist. Du erfährst deine Göttlichkeit, indem du immer weiter erschaffst. Dies geschieht auf der Erde jedoch, ohne dass es dir bewusst ist. Doch nun erwacht ein Teil der Menschheit zu neuem Leben, zu neuem Wissen, zu neuem Verständnis über die Macht der Illusion. Erkenne die Dunkelheit, die du wahrnimmst, an, und dann sende dein Licht in die Finsternis. Wisse, in unseren Reichen sehen wir keine Dunkelheit. Wir sehen dein Wachstum und erfreuen uns an den Lichtern auf Erden, von denen du eines bist. Je klarer du in dir bist, desto strahlender kann dein Licht unsere Sphären erreichen. Ein wundervolles Lichternetz strahlt von der Erde in unsere Dimension, die direkt neben der euren ihren Sitz hat.

Damit dein Licht noch stärker strahlen kann, machen wir dir heute, nachdem wir eine Ratssitzung mit den Hüterinnen und Hütern des Karma abgehalten haben, das Geschenk, vollkommen in deine Selbstermächtigung zu treten. Hierzu geben wir dir das zurück, was immer schon dein Eigentum war. Dies ist das Wiedererlernen einer Heilkraft, die du einst von zu Hause mitgebracht hast. Wir nennen diese Heilkraft jetzt in dieser Zeit *Ancient-Master-Healing*. Und doch gibt es kein Wort, das die Kraft dieser Energie beschreiben kann. *Ancient-Master-Healing* ist deine Erbschaft. Du hast es nur vergessen, sie in Besitz zu nehmen, weil die Zeit schwer und lastend auf dir drückte und sie auf der Erde nur einigen wenigen zugänglich war, die klar und rein genug in der Nähe der ewig währenden Liebesenergie waren. Eines dieser Geschenke an die Erde war Jesus, der Christus, der *Ancient-Master-Healing* praktizierte und die Erde von tiefer Dunkelheit befreite durch sein Sein. Doch nun ist die Energie der Liebe auf Erden zurückgekehrt, auch wenn deine weltlichen Augen dies nicht immer wahrnehmen. Die Schwingung der Erde hat sich erhöht. Die Pforten sind geöffnet, und so kann die Energie der heilenden Liebe wieder verstärkt in die Energie des Planeten fließen. Je mehr Menschen diese Heilkraft aus tiefster

Seele erfahren wollen, desto mehr Licht wird auf die Erde strahlen und die Dunkelheit erlösen in das Licht, das sie in Wahrheit ist. Diese deine Erbschaft jetzt anzutreten und wieder zu der vollkommen strahlenden Gottheit zu erwachen, die die Erde gerade jetzt braucht, ist dein Beitrag zum Erwachen der Erde.

Jesus, der Christus, übte diese Heilkunst auf allen Ebenen seines Wesens aus. Er gab sie an seine geliebte Gattin Maria Magdalena weiter, um sie der Menschheit zum inneren Wissen werden zu lassen. Darum sind Sananda und Lady Nada auch die Überbringer an dich, denn vielleicht warst auch du ein Teil seines inneren und/oder äußeren Kreises in seiner Inkarnation als Jesus in Palästina. Wenn es so war, dann wirst du vieles erinnern, was er dich einst lehrte, und du kannst aktivieren, was du aus diesen Zeiten vergessen hast. Ebenso war Lady Kwan Yin eingeweiht in die kosmischen Energien des Lichts, das du bist. Saint Germain heilte mit dieser Energie nicht nur sich selbst, sondern klärte viele Situationen mit der Kraft der Urquelle. Aus diesen Gründen hat die kosmische Hierarchie diese vier geliebten Freunde ausgewählt, um diese Heilkunst an dich weiterzugeben.

Indem du dich von unseren Freunden Sananda, Lady Nada, Kwan Yin und Saint Germain in deine Selbstermächtigung weihen lässt, wird das vollkommene Licht mehr und mehr aus dir strahlen und alles verwandeln, was deinen Weg berührt. Jeder Mensch, jede Pflanze, jedes Tier wird sich von deiner wundervollen Energie aus den Universen der Liebe, des Lichts und der Freude bereichern, indem die göttliche Kraft, die du selbst bist, aus deiner Aura in die Aura all dessen strahlt, was dir begegnet.

Ihr lebt in einer Zeit auf Erden, in der die Dunkelheit mehr und mehr um die Vorherrschaft kämpft. Du siehst dies, wenn du die scheinbaren Dinge und Geschehnisse beobachtest. Nur aus diesem Grund der Verzweiflung, der Zweifel an der Liebe in dieser Welt, gibt es so viele Menschen, die an der Vereinsamung des Herzens leiden. Doch Lichtinseln, in denen du zu Hause bist, können diese Dunkelheit durchdringen. Wisse, dass die Polaritäten sich weiter trennen werden und es für dich mehr und mehr dunkel zu sein scheint. Wirke dem entgegen, indem du in das Licht trittst, das du wirklich bist.

Alles, was Menschen einander antun, resultiert aus der Kraft des Endzeitszenarios, das zu erleben du selbst dir erwählt hast. Du bist hier, weil du dein Licht in diese Welt bringen willst, denn du selbst hast es einst von dir und von der Erde genommen. Doch du weißt, dass du weißt, und so ist es nun an der Zeit, aus dem Rad des Karmas auszusteigen, die Gefühle von Wertlosigkeit und Schuld abzulegen und das zu sein, was du hinter all den Schleiern der Illusion bist. Göttliche Kraft, göttliches Licht, göttliche Liebe, schöpferische Liebe. Dies alles bist du trotz aller vermeintlichen Defizite. Denn auch diese sind nur eine Schöpfung der Dualität.

Weil die Zeit jetzt reif ist und du bereit bist, haben wir die von uns allen selbst gewählten Regeln des Karmas für einen auserwählten Kreis unserer Schwestern und Brüder auf Erden gelockert. Du, der oder die du dieses Buch in den Händen hältst, hast die Einladung erhalten, ein Schüler unserer Weißen Schwestern- und Bruderschaft auf Erden zu sein. Du hast die Wahl getroffen, am Ende der Illusionen auf der wundervollen Erde deinen Beitrag zu leisten, dem blauen Juwel im Universum das zurückzugeben, was wir selbst ihr einst nahmen. Dies ist das einzigartige Geschenk der Heilung durch die Liebe. Dies ist *Ancient-Master-Healing* – das Licht, das du bist.

Befreie dich und dein nächstes Umfeld, indem du die Aufnahme als Schüler in die Weiße Schwestern- und Bruderschaft erbittest. Sodann werden wir dich schulen, wie wir dich immer geschult haben, doch intensiver als jemals zuvor, damit du uns in unser aller Werk unterstützen kannst, deinen eigenen Aufstieg und den Aufstieg der Erde intensiver und göttlicher zu begleiten.

Ihr lebt in einer aufregenden Zeit, wie es sie niemals zuvor in allen, aus der Gottheit erschaffenen Universen gab. Ein Planet der Liebe, der einst der Dunkelheit geopfert wurde, macht sich bereit, sein eigenes Licht der Vollkommenheit zurückzufordern. Und so bist auch du angetreten, alles zu heilen, was nicht dem vollkommenen Licht der vollkommenen Gottheit entspricht, zu durchleuchten und die universelle Liebe endlich wieder zu erfahren, in einer Dimension, die sich so weit von der Liebe entfernt hat, wie niemals zuvor in allen vermeintlichen Zeiten und Welten.

Wir ehren und begleiten dich.
Miranlaya & Metatron"

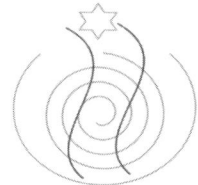

Was ist die Weiße Schwestern- und Bruderschaft?

„Die Weiße Schwestern- und Bruderschaft, der als Schüler beizutreten du in dieser Schrift eingeladen bist, ist ein Zusammenschluss von Wesenheiten, die die Erdenebene hinter sich gelassen und den Aufstieg, die Erhöhung der Seele in der Schwere der niederen Dimensionen vor dem Zeitenwandel erfahren haben. Wir alle hier in dieser Dimension, die ihr Aufgestiegene Meister und Meisterinnen nennt, haben genau wie ihr es zur Zeit erlebt, die Erdenebene erfahren. Der euch wohl nächste Bruder ist Sananda, den ihr als Jesus erfahren habt. Sein Aufstieg entsprang der Größe seiner Erleuchtung, indem er verzieh, wo andere fehlten. Verzeihen aus der Liebe, dem universellen Mitgefühl heraus, ist die größte göttliche Erfahrung der Erleuchtung, die ein Menschenwesen erlangen kann. Er bat den Vater, seine multidimensionale Gesamtseele, den Menschen zu vergeben, die ihm Demütigung und Entehrung zukommen ließen, weil er erkannte, dass er selbst diese Wesenheiten ist. Er erfuhr die Verbundenheit mit Allem-was-ist. Somit erreichte er den Aufstieg in die Ebenen des Lichts, weil er das Licht erfuhr und damit allen anderen, die ihn erfuhren, diese Erfahrung erfahrbar machte. Sanandas Versprechen an die Welt war, euch allen den Aufstieg in diese Liebe zu weisen.

So ist unser Verband der Weißen Schwestern- und Bruderschaft die Verpflichtung eingegangen, jedem einzelnen Menschen beizustehen, wenn er oder sie den Aufstieg der Liebe auf dieser Erde ersehnt. Dazu sind wir hier unter euch. Wir haben nur einen Auftrag: Die Erde mit allen Wesen, die auf und in ihr leben, auf ihrem Weg zu begleiten und in jedem Licht, das uns erreicht, das Erinnern zu entfachen, um unsere und eure Arbeit zu unterstützen. Zuerst für dich selbst und dann für deinen Nächsten.

Somit bist du eingeladen, bevor du die Einweihung in dein wahres Licht, das du bist, erhältst, unserer Schwestern- und Bruderschaft als Schüler beizutreten. Dies beinhaltet für dich die Aufgabe, dein Licht leuchten zu lassen, dich von Karma freizuhalten und alles und jeden mit deiner Ausstrahlung zu berühren, der oder die deinen Weg kreuzen. Das ist es, was wir meinen, wenn wir dich immer wieder bitten „Inseln des Lichts" auf Erden zu begründen. Begründe deine eigene Insel des Lichts dort, wo du jetzt gerade bist. Wir sehen so viele Lichter unter euch, und weil so viele erwacht sind, wurde es uns möglich, dieses Geschenk der umfassenden Liebe an dich und so viele andere auf der wundervollen Erde in Buchform weiterzugeben, damit möglichst viele Menschen erreicht werden und in ihr wahres Licht eintreten können.

Deine Verpflichtung, die du eingehst, indem du unser Geschenk aus der Quelle in Empfang nimmst, besteht darin, nach und nach das Urteil abzulegen und in jedem Menschen und Wesen, das dir begegnet, den Gott, die Göttin zu erkennen, oder eben diesen Gottesfunken zu suchen, der du selbst bist und dich mit allem verbindet. In dieser Suche und im Erkennen ist der Schlüssel zu der Gottheit in dir selbst verborgen. So nimm meine Hand und erfahre die umfassende Liebe, die im ganzen Universum für dich schwingt. Erfahre diese Liebe sodann in dir und gib sie dem Menschen, der dir am nächsten ist, weiter.

Dieses sind in Liebe,
Miranlaya & Metatron"

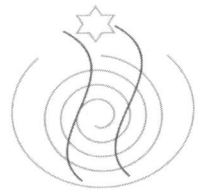

Wer ist Miranlaya?

„Ich bin das Licht, das du bist. Ich bin die Liebe, die du bist. Ich bin die Liebe aus der Liebe, in der Liebe zu allem, was war, ist und sein wird. Ich bin die Göttin in dir, und du bist die Göttin in mir, nahe mir, bei mir.

Einst erschuf ich mit dir an der Seite meines Geliebten, den ihr Metatron nennt, Universen der Liebe, der Freude und der Fülle, so wie du es tatest mit dem Dual an deiner Seite. Ich ging meinen Weg zur Erde, um in der Aura der Erde zu wachen über das Sein der Liebe und den Kanal zur universellen Energie geöffnet zu halten. Und nein! Ich bin nicht höher als du, denn du nahmst in der gleichen Liebe ein ähnliches Schicksal auf dich, indem auch du dich für die Verkörperung in Trennung bereit erklärtest. So fühlte ich deine Einsamkeit wie meine eigene, denn es ist meine eigene.

Du hast mich erkannt in so vielen Zeiten. Ich bin die weibliche Schöpferkraft, die du bist, und immer wieder konnte ich dich erinnern an die Gottheit in Allem-was-ist. Ich litt mit dir, ich lachte mit dir, ich weinte mit dir, und ich wuchs mit dir. Zu allen Zeiten war und bin ich Teil von dir und begleitete deinen Weg des Wachstums hin zur Liebe, die du warst, die du bist, die du für alle Zeiten sein wirst.

Viele Zeiten war ich getrennt von meiner Liebe – Metatron –, so wie er viele Zeiten von mir getrennt war, um die

Erde zurückzuführen in das vollkommene Juwel des Lebens, das sie war, bevor die Dunkelheit sich über sie senkte. Denn es war unsere selbstermächtigte Entscheidung, unsere Energien zu trennen, um sie am Ende des Zyklus erneut bewusst in neu erkannter Liebe zu verbinden.

Meine Aufgabe war es, Gaia zu fördern, das Licht auf der Erde immer wieder neu zu entfachen, die zu finden und zu fördern, die der Erde ein Licht sein wollen. Metatron stützte den Liebenden dieser Erde.

Da Gaia und ihr Geliebter getrennt waren, teilten wir alle, auch du in all deinen Erfahrungen auf Erden, beider Los in Liebe. Denn Zeit, die du oft so schwer erfährst, ist eine Illusion der Dimension der Wahl.

Nun, am Wendepunkt der Zeiten, erstrahlt die Erde von so vielen Lichtern, dass ich meinen Auftrag erfüllt habe. Ich durfte zurückkehren an die Seite meines geliebten Metatron im Erdenjahr 2006, und Metatron kehrte zurück zu mir.

Unsere Aufgabe in der Neuen Zeit besteht darin, die vollkommene Synthese männlicher und weiblicher Schöpferkraft unter euch Auserwählte zu tragen, die ihr den Planeten Erde mit all seinem Sein unterstützen und fördern wollt. Erst wenn die Göttin in Gott sich vereint, kann Gaia zu ihrem Dual finden, und der Aufstieg wird in der Hochzeit dieser beiden geliebten Seelen aus unserer Seele das Ende der Dunkelheit auf Erden sein.

Es ist an der Zeit, das duale Denken hinter euch zu lassen, geliebte Freunde auf Erden, die ihr euch nach der Quelle sehnt. Daher ist die Vereinigung männlicher und weiblicher Energien das Ende aller Trennung auch dann, wenn du in einem weiblichen oder in einem männlichen Ausdruck der Gottheit deine Erfahrungen machst. Die vollkommene Verbindung deiner Seele und der Seele mit deinem Dual wird dich heil und ganz sein lassen. Diese Verbindung wirst du ebenso wie wir in den Aufstiegsebenen in deiner Einweihung erfahren.

So danke ich dir für deinen Beitrag, und ich danke mir für dein Sein, das mein Sein ist.

Gemeinsam mit Metatron, meinem geliebten männlichen Selbst, überreiche ich dir in Freude das Licht, das du bist

Ancient-Master-Healing
Miranlaya"

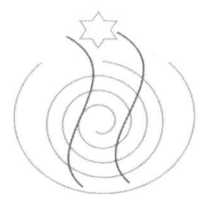

Was ist *Ancient-Master-Healing*?

Ancient-Master-Healing ist eine Heilkraft der Liebe für den sichtbaren und alle unsichtbaren Körper, die heute der Welt der wahrhaft bestrebten Lichtwirker zurückgegeben wird. Sie ist eine Synthese der alten lichtvollen Tempel-Heilungsmethoden aus unserer universellen Heimat, die wir seit Beginn unserer Inkarnationen auf dieser Erde ganz selbstverständlich in Ägypten, Atlantis und Lemuria praktizierten, um in die universelle Kraft eingebunden zu bleiben und all das zu vollbringen, was uns heute als Wunder erscheint. Es ist die höhere Macht, die vor langer Zeit von uns genommen wurde, weil sie für dunkle Zwecke der Macht missbraucht wurde. Heute darf sie uns durch die Aufgestiegenen Meister Sananda, Lady Nada, Saint Germain und Lady Kwan Yin zur Unterstützung aufstiegsbereiter Menschen wieder zur Verfügung gestellt werden. Es ist genügend Licht auf dieser Erde, dass der Missbrauch, der vor langer Zeit mit diesen Energien geschah, nicht wiederholt werden kann, sondern die kosmische Schöpferkraft zum Wohl der Erde und ihrer Kinder eingesetzt wird.

Die Aufgestiegenen Meister Lord Jesus Sananda, Lady Nada, Meister Saint Germain und Lady Kwan Yin wurden ermächtigt, uns diese Energie erneut zu übermitteln, um die Erde, die Menschheit, das Tierreich und alle Reiche der Natur in diesen aufregenden Zeiten des Aufbruchs in eine neue Dimension des Lichts besonders zu unterstützen, und damit den weltumspannenden Aufstiegsprozess der Menschheit und der Erde zu intensivieren.

Ancient-Master-Healing verbindet dich durch Metatron und sein weibliches Dual Miranlaya direkt mit der allliebenden Quelle von Allem-was-ist, um spirituelle Heilung auf allen Ebenen zu erfahren, das allgemeine Bewusstsein anzuheben sowie die Heilung der individuellen Seelenpersönlichkeit(en) zu verstärken.

Ancient-Master-Healing reinigt und klärt auf allen Ebenen deines Seins. Es aktiviert das Kristalllicht der Urquelle in deinen Chakren, in deinen Händen, in den Fingerspitzen und in den Meridianen. Diese Licht-Heilkraft schließt die niederen Körper, den physischen Körper, den Ätherkörper, den Mentalkörper und den Emotionalkörper mit ein. *Ancient-Master-Healing* integriert dabei gleichzeitig die höheren Körper, führt verlorene Seelenanteile und Seelenaspekte bis hin zur ICH BIN-GEGENWART zurück in das Selbst, verbindet mit dem wahren multidimensionalen Selbst und stellt eine konstante kraftvolle Lichtverbindung zwischen dir, den Aufgestiegenen Meistern, den Engeln und unserer wahren Schöpferkraft von Allem-was-ist her.

Ancient-Master-Healing ist der Name, den die Aufgestiegenen Meister Sananda, Lady Nada, Saint Germain und Kwan Yin erwählt haben. Er enthält einen Weckruf, der die DNA in jeder Zelle aktiviert bei all denen, die sich selbst erwählt haben. Die Meister erklären, dass sie in Übereinstimmung mit dem Karmischen Rat dem wahrhaft Willigen zur Seite stehen und dass jetzt die Zeit gekommen ist, diese kraftvolle Selbst-Heilmethode an die Lichtarbeiter in dieser Welt weiterzugeben. Alle Menschen, die sich erinnern und darum bitten, endlich ihrer Seelenaufgabe Folge leisten zu können, dürfen den Weg der allumfassenden Göttlichkeit jetzt erfahren. Mit *Ancient-Master-Healing* findet durch Vermittlung der Aufgestiegenen Meister eine vollständige Verbindung mit dem Licht aus der Urquelle statt, die viele von uns „Gottschöpfer von Allem-was-ist" nennen, auf allen Ebenen der Seele, der Monade, des ICH BIN, der höheren und niederen Körper und der irdischen Persönlichkeit bereits hier auf dem Planeten Erde.

Die geliebten Meister erklären, dass Metatron mit seiner Partnerin Miranlaya als direkte Mittler zwischen der universellen göttlichen Urquelle und dem einzuweihenden Menschen die Transformatoren von Gottes Licht selbst es sind, die diese kraftvolle Lichtenergie transformieren, diese durch die Aufgestiegenen Meister weiterleiten und somit unserer Erde zum Geschenk die Gnade der allumfassenden, bewertungsfreien Liebe überreichen. Daher ist *Ancient-Master-Healing* direkt aus dem Lichtursprung geschenkte Liebe und Hilfe für jede individuelle Seele, für den gesamten Planeten Erde mit all seinen Naturreichen.

Wir danken aus demütigem Herzen Lord Sananda, Lady Nada, Master Saint Germain und Master-Lady Kwan Yin, dass sie die Transformatoren sind, die uns dieses wundervolle Gnadengeschenk auf die Erde zurückgebracht und energetisch für jeden Menschen so zugänglich und erfahrbar gemacht haben, dass jedes lebende Wesen, das den starken Wunsch in sich verspürt, endlich im eigenen Inneren nach Hause zu kommen, sprich: seinen eigenen wirklichen Seelenweg zu gehen, in diese Heilkunst eingeführt werden kann.

Ancient-Master-Healing ist eine tiefgreifende Energieintegration und gleichzeitig eine spirituelle Selbstheilung, die es dem Initianten ermöglicht, in sehr kurzer Zeit ein völlig neues Selbstverständnis von gelebter Spiritualität, die Identität der Seele und die tiefe unlösbare Verbindung mit unserer Urquelle zu leben.

Wir leben in einer Zeit, in der Selbstverantwortlichkeit, bedingungslose Liebe, Aufstieg und Urteilsfreiheit mehr sein müssen als nur Schlagworte im Eso-Dschungel. Mit der Einweihung durch die vier geliebten Meister, durch Gaia und vor allem mit dem wunderbaren Gespann Miranlaya und Metatron und deren konsequente Anwendung, immer in Verbindung und Unterstützung aus den Ebenen der Weißen Schwestern- und Bruderschaft, kannst du wahre Meisterschaft, Selbst-Meisterschaft, bereits auf dieser Erde gewinnen.

Da die Meister und Meisterinnen die Einweihung selbst durchführen, entsteht eine sehr tiefe, ja, beinahe schon greifbare Verbindung zu diesen Meisterenergien und ein ständiger Energiefluss zu unserer wahren Quelle, aus der Alles-was-ist erschaffen wurde und wird.

Ancient-Master-Healing bündelt eine unmittelbar feststellbare, kraftvolle Verbindung zu den warmen Energien der Meisterebenen, die den Fluss zur Urquelle dauerhaft aufrechterhalten. Diese Verbindung kannst du selbst immer wieder aufs Neue aktivieren und stabilisieren durch bewährte, von den Meistern gegebene Meditationen, Anrufungen und durch deine tägliche bewusste Aufnahme der Verbindung.

Diese Verbindungen enden nicht mit der Einweihung, denn erst mit dieser wird es den Meistern und Meisterinnen und der gesamten lichtvollen kosmischen und planetaren Hierarchie, die sich dem Aufstieg der Erde verpflichtet haben, möglich, anfangs meist in der Nacht, die Schulungen und Einweihungen, die für deinen persönlichen Aufstieg notwendig sind, zu vollziehen und dich auf deinem Weg wirklich zu begleiten und zu fördern. Wenn du dieser Kraft erlaubst, sich in dir zu entfalten, dann bist du auch in deinem Tagesbewusstsein ein reiner Kanal für die Lehren unser geliebten Freunde in den lichten Dimensionen, in die auch wir uns mit dieser Einweihung integrieren.

Ancient-Master-Healing ist eine wundervolle Synthese der weiblichen und männlichen Energien, deren Heilung in dieser Zeit so sehr notwendig ist.

Ancient-Master-Healing wurde direkt aus der Quelle allen Seins, über die Verbindung durch Metatron und Miranlaya, an die Aufgestiegenen Meister für uns, ihre Brü-

der und Schwestern hier in dieser Dimension, weiterge-
geben. Da die meisten Menschen noch nicht fähig sind,
diese sehr feinen, hohen Energien selbst zu assimilieren,
haben die Meister die Aufgabe übernommen, die stufen-
weise Anhebung der Energie in den höheren und niederen
Körpern zu überwachen und diese zu ermöglichen.

Die Einweihungen in der *Ancient-Master-Healing*-Schu-
lung, am Tage vor der Einweihung, passen deine Energien
der kraftvollen Lichtenergie so weit an, dass du in der Lage
bist, die höheren Energien aufzunehmen. Diese werden
dann beständig, je nach deiner eigenen Weiterentwicklung,
durch die Meister und Meisterinnen etappenweise weiter
angehoben.

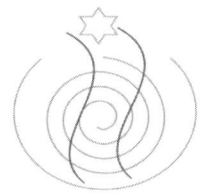

Das Geschenk der kosmischen Hierarchie – Karmabefreiung und Aufstieg

Immer mehr Publikationen erklären die Wege zur Befreiung von Karma. Als herausragendes Engelwesen möchte ich hier KRYON nennen. Im ersten KRYON Buch – ZEITENWENDE – gab KRYON den Menschen bereits die Anleitung, um den so genannten „Graduiertenstatus" zu bitten.

Für viele Menschen klingt es vielleicht unglaubwürdig oder viel zu einfach, dass mit einer Bitte an die Geistige Welt, mit einigen kleinen Anrufungen oder Meditationen alles Karma ausgelöscht sein soll. Haben wir denn vergessen, dass wir als Kinder gelernt haben, dass vor dem Preis erst der Fleiß kommt und die Götter vor den Erfolg den Schweiß gesetzt haben?

Nein, wir haben es ganz und gar nicht vergessen, denn aus diesem Grund ist es für viele Menschen so schwer zu verstehen, dass Karmabefreiung uns „einfach so" geschenkt wird. Doch: Es ist an der Zeit, aus dem alten begrenzten Denken auszusteigen, wenn wir unserer eigenen Göttlichkeit gerecht werden wollen. Vor der allumfassenden Gottheit und in den Meisterebenen gibt es keine Schuld. Folglich gibt es in den göttlichen Bereichen auch letztlich kein Karma, das bis ans Ende aller Zeiten wieder und wieder wiederholt werden muss. Daher haben

Metatron und Miranlaya als oberste Kanzler der Hierarchie die Macht, uns aus diesem Kreislauf zu befreien und den alten Vertrag für ungültig zu erklären, wenn wir selbst es von Herzen wünschen und erbitten.

Beinahe alle Menschen, die heute inkarniert und auf dem Weg des inneren Lichtes sind oder sich danach sehnen, haben in vielen Leben Karma geschaffen und immer wieder und wieder Karma erlöst. Somit leben viele in einem Bewusstsein von

„Ich bin fremd hier!"

„Ich habe eine ganz besondere Aufgabe und weiß nicht so recht, welche!"

„Ich habe in anderen Leben so viel Schulden auf mich geladen!" etc.

Diese Liste ließe sich ellenlang fortsetzen. Wir könnten also bis ans Ende aller Tage so weitermachen, Karma erlösen und zwangsläufig neues Karma erschaffen. Dieses Spiel haben wir viel zu lange gespielt. Die meisten Lichtarbeiter sind genau deswegen hier. Endlich aussteigen aus dem Karmakarussell und weitergehen – „Aufsteigen!".

Was ist Aufstieg?

Aufstieg ist im Grunde ein Abstieg der Seele in deine jetzige Inkarnation, ein Herabholen der verlorenen Seelenanteile und ein Integrieren des Weges deiner Seele hier in diese physische Dimension. Durch diese Integration wirst du feinstofflicher und vollständiger in dir selbst. Alle Menschen, die in den *Ancient-Master-Healing* Seminaren durch die Meister eingeweiht wurden, empfanden ein Gefühl von Ganzheit, dass sie vollständiger sind, und für beinahe alle hat sich ihr Leben zum Positiven hin gewandelt.

Wenn wir HEIL werden, dann haben wir unsere Seele mehr und mehr das Regiment über unser alltägliches Ego übernehmen lassen und leben täglich mehr in der Gewissheit, dass alles gut ist, was uns begegnet. Kein Mensch muss perfekt und völlig heil sein, um aufzusteigen. Es genügt, wenn wir 55 % unseres Karma erlöst haben. Erlösen bedeutet, es begegnet dir nach deiner Einweihung noch einmal. Ich nenne das den kosmischen Test. Wenn du diese Situation dann meisterst, ist dieses Karma erlöst. Alles, was du erlöst hast, verabschiedet sich von dir.

Immer wieder erhalten wir Fragen von Menschen, die es nicht glauben wollen oder können, es ist wirklich so einfach. Wenn wir erkennen, wir leben in einer Zeit, die den globalen Aufstieg zum Ziel hat, und dass Karma eine Entscheidung der „Engel" war, die heute wieder inkarniert sind, dazu gehörst auch du, dann besteht die Gnade der Göttlichkeit darin, den Vertrag außer Kraft zu setzen, den wir selbst einst einstimmig beschlossen haben. Dies geschieht aus einen ganz besonderen Grund, nämlich dem, dass du längst heil in dir bist, endlich deiner Aufgabe gerecht werden kannst, anderen auf ihrem Weg ebenfalls zu helfen, sich selbst zu heilen, und die Gnade in Allem-was-ist zu erfahren und anzuerkennen.

Das Einzige, was dir zu tun bleibt ist, die Gnade zu erkennen, dem einen wahren Schöpfergott, der du selbst bist, der einen wahren Schöpfergöttin, die du selbst bist, von Herzen zu danken, die Gnade freudigen Herzens anzunehmen und weiterzugehen auf deinem Weg zurück nach Hause – dabei so viele Menschen wie möglich zu berühren und zu erreichen mit deinem inneren Licht, damit auch diese den Weg zurückfinden. Das ist die wahre Aufgabe aller Lichtarbeiter, Lichtkrieger, Lichtwirker, Lichtkinder, Sternengeborenen, und wie wir uns noch so zu nennen belieben. So hat es Jesus der Christus vor 2000 Jahren vorgelebt.

Hat nicht schon unser geliebter Jesus-Sananda gesagt: „Deine Sünden sind dir vergeben. Nun gehe hin und sündige nicht mehr!"

Auch sagte er: „Wie ich getan habe, werdet auch ihr tun, und noch vieles mehr."

Darum: Machen wir uns auf und folgen Meister Jesus-Sananda. Nimm die Befreiung deiner „Sünden", deines Karmas, dankbar entgegen und mache dich auf in eine neue, wahrscheinlich bessere Welt, an der du mit deiner Selbstermächtigung einen wichtigen Beitrag leistest.

Die Aufgestiegenen Meister gemeinsam mit den Hütern und Hüterinnen des Karmas versprechen, dass jede/r, der/die diese Einweihung in *Ancient-Master-Healing* durch die Meister empfängt, von allen karmischen Verstrickungen erlöst ist und nicht noch einmal inkarnieren muss, um

Karma zu erlösen, wenn er/sie in diesem Zustand verbleibt. Dazu erhältst du ein wunderbares Werkzeug am Ende dieses Buches.

Dies ist das wunderbarste göttliche Geschenk für die gesamte Menschheit, seit es diesen Planeten gibt. Für den negativ programmierten menschlichen Intellekt ist dies schwer nachvollziehbar, da dieser immer davon ausgeht, dass wir uns quälen und die Dinge kompliziert sein müssen. Doch nicht nur der Intellekt hat seine Probleme mit Barmherzigkeit und Mitgefühl. Auch die meisten Menschen selbst, ganz tief im Inneren mit ihren alten Glaubenssätzen – von Nichtwürdigfühlen, Getrenntheitsgefühlen und dem tiefen Glauben an einen rächenden, strafenden Gott –, können meist kaum glauben, dass es wirklich so einfach sein soll. Widerspricht es doch allem, was wir in vielen Leben, und vor allem durch die Erziehung und die Dogmen der Kirchen in diesem und in vorherigen Leben gelernt haben. Immer hübsch bescheiden sein, nur nicht in den Vordergrund stellen, viel zu klein sein, nicht liebenswert, nicht gut genug zu sein etc. sind die Lebensregeln, die vielen Menschen das einfache Annehmen eines göttlichen Geschenks erschweren. Zumal die Religionen von einem Gott ausgehen, der ein strafender, harter und rachsüchtiger Monster-Gott ist. Doch spüre in dich hinein, und du weißt es längst: Der Gott der Kirchen, die Götter aller Religionen, des Alten Testaments der Bibel sind keine Götter der Liebe. Diese Liebe, die alles durchdringt, ist das, was wir im Grunde wirklich meinen, und viele Menschen suchen ihn vergeblich in ihren Religionen.

Nein, liebe Freunde. Für diese Art Bescheidenheit, die ja nichts anderes als Sich-unwert-Fühlen ist, ist heute kein Raum, und vor allem keine Zeit mehr. Wir leben in der Zeit des globalen Aufstiegs. Die Zeit wird knapp, wenn bis zu diesem Wendepunkt mehr Licht in diese Welt und in die Seelen der Menschheit gelangen soll. Darum sind wir hier. Wir sind göttliche Wesen, die das Menschsein erfahren wollten. Wir haben es erfahren in vielen, vielen Inkarnationen, immer und immer wieder. In der jetzigen Zeit ist keine Zeit mehr, die Spiele der Illusion weiterzuspielen, denn es gibt Wichtigeres zu tun. Die Welt benötigt hier und jetzt jeden Lichtarbeiter, Lichtwirker und Lichtbringer, damit sich das Licht in jedem Einzelnen ausdehnen kann, weitere Menschen erreicht und somit den ganzen Planeten erhellt.

Die Illusion des Karmas hat bisher Gültigkeit besessen, weil wir wieder und wieder lernen und erfahren wollten, wie es funktioniert, in dieser Dimension die urteilsfreie Liebe zu leben und weil die Lichtenergie noch keinen Zugang zu dieser Dimension erfahren konnte, wie es jetzt der Fall ist. Jedes Verhalten von Nichtliebe zog also unweigerlich eigenes Erfahren nach sich. Nun leben wir in einer Phase unserer menschlichen Entwicklung, in der wir diese Liebe hier und heute integrieren können, wollen und sollen, denn die Wesenheit von Mutter Erde macht sich für den Aufstieg bereit. Wir haben lange genug geübt, darum machen wir uns bereit, nehmen das Geschenk der Gnade, des universellen Freispruchs, an und gehen weiter. Nur so kann aus dieser Erde wieder der Ort der Freude und der Liebe werden, die sie ursprünglich war (siehe auch *Lady Rowena - Die Kraft der Göttin in dir*, erschienen im Smaragd Verlag).

In all der Dunkelheit, die sich heute mehr und mehr zeigt, unter welcher der größte Teil der Erde, der Menschen, der Tiere und die Naturreiche leiden, sei du ein Licht für dich selbst. Dann gehe hin und lass alle in deinem Licht baden, die dir begegnen.

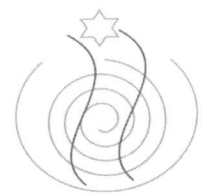

Was ist KARMA?

Karma ist ein sehr einfaches und doch recht komplexes Thema, bei dem das Denken der meisten Menschen sehr schnell an die anerzogenen und selbst auferlegten Grenzen stößt.

Karma ist, ganz einfach ausgedrückt, das universelle Gesetz von „Ursache und Wirkung" in Aktion. Wie Jesus es ausdrückte: Wir ernten, was wir säen. Wer die Gesetze in diesem Sinne verinnerlicht, ist nicht mehr in der Lage, irgendjemandem oder irgendetwas, nicht einmal irgendeinem Gott außerhalb, die „Schuld" am eigenen Erleben oder Erfahren zu geben. Das Universum ist weder ein Zufallsgenerator, wen nun das Glück oder Unglück trifft, noch ein Richter, der danach urteilt, ob die Nase des gerade Inkarnierten dem allgemeinen Schönheitsideal des Schöpfers und der Menschheit entspricht. Vor den Hütern und Hüterinnen des Karmas sind alle gleich, und: Da wir uns irgendwann für den Weg des Karmas entschieden haben, sind wir auch verantwortlich für jede Tat, für jeden Gedanken, für jedes Wort. Die Wirkung wird uns einholen, ob in diesem oder in einem anderen Leben sei dahingestellt. Das war die Entscheidung am Anfang. Diese ist gültig bis heute, weil es in jeder Gemeinschaft Regeln geben muss und wir nur auf diese Art das Sein in der Dritten Dimension erfahren konnten.

Unser intellektueller Verstand hat sich über viele Jahrtausende eingeprägt, dass die Summe all unserer Gedanken, Gefühle und Taten, im jetzigen und in früheren Leben,

Karma verursacht hat, dessen Folgen wir hier vermeintlich hilflos ausgeliefert sind. Da kommen dann resignierte Seufzer mit dem Vermerk. „Ist halt Schicksal, da kann man nichts machen."

Doch wenn wir erkennen, dass wir selbst es sind, die unser Schicksal gestalten, dann erfolgt ein tiefes Erwachen auf allen Ebenen des Seins, und das Gesetz der Gnade kann in Aktion treten. Es ist für uns und diese Zeit das wunderbarste und größte Geschenk, dass wir hier und heute aussteigen können aus dem seit Jahrtausenden bestehenden Rad des Schicksals. Somit ist Karmabefreiung die höchste Gottheit selbst, die uns aus unseren, uns selbst aufgelegten Verträgen entlässt und dir gestattet, dich sofort wieder selbst zu heilen, wenn du aus alter Gewohnheit immer mal wieder in altes Denken zurückfällst, so lange du auf deinem Weg bleibst.

Karmaerlösung auf allen Ebenen, von der Gottheit gewollt und von der Göttin geschenkt, bringt diese Erde mit all ihren sichtbaren und unsichtbaren Reichen dem sanften Aufstieg zur Liebe entgegen, je mehr Menschen diese Gnade in Demut und Liebe annehmen.

Wenn du um die Befreiung von Karma bittest, ganz egal, auf welchem Weg, dann wird sie dir gewährt, wenn es deinem Seelenplan entspricht. Doch bevor du diesen Schritt gehst, sei dir sehr bewusst, worum du bittest. Es könnte möglich sein, dass dein Leben sich verändert. Du wirst deinen Weg in völliger Selbstverantwortung gehen müssen, denn nur, wenn du aus dem Spiel der Suche im Außen heraustrittst, wenn du Urteil und Bewertung fallenlässt, bist du wirklich frei.

Wenn du bereit bist, in Demut und Hingabe an den Plan deiner Seele deinen Weg zu gehen, dann gilt ab sofort nur noch eines: „Meine große, multidimensionale Seele" – Nicht mein, sondern DEIN Wille geschehe!"
Dabei geht es nicht um einen Gott außerhalb von dir, sondern um deinen, vor deiner Inkarnation geschlossenen Seelenvertrag. Mit der Bitte um Karmabefreiung stimmst du zu, ob du es weißt oder nicht, ab sofort nur noch diesem Vertrag, den du mit deiner Gottgegenwart, deiner Seele hast, zu folgen. Dieser Vertrag könnte jedoch völlig anders aussehen, als dein Leben bisher verlief, und vor allem könnte er auch andere Menschen beinhalten, als die, die augenblicklich in deinem Leben an- oder abwesend sind. Dies ist zwar ziemlich unwahrscheinlich, wenn du bisher auf dem Weg zu dir selbst warst, doch könnte es sein, dass du mit dem falschen Partner verbunden bist oder deine Aufgabe nicht in der Erziehung deiner Kinder, nicht in dem Beruf, den du jetzt ausübst, etc. liegt, sondern in einer anderen Aufgabe. Dies alles wird dir jedoch zuvor schon, wenn auch nur leise, bewusst sein.

Es gilt: Was zusammengehört, kommt und bleibt zusammen, was nicht zusammengehört, wird sich sanft und harmonisch trennen. Je nach deiner Veranlagung Dinge, Menschen, Situationen loszulassen, kann dies auch ein schmerzhafter Prozess sein, und zwar so lange, bis du dich wirklich entscheidest, dass deine Seele das absolute Vorrecht in dieser Welt des Scheins besitzt. Als Schüler oder Schülerin der Großen Weißen Schwestern- und Bruderschaft wirst du zu jeder Zeit sanft geleitet und begleitet, um zu erkennen: Aller Schmerz dieser Dimension verdunkelt nur für eine kurze Zeit deine Seele. Das ist Erleuchtung!

Frage dich also ganz bewusst zuvor, ob du wirklich bereit bist, alle menschlichen Wünsche des irdischen, negativen Egos loszulassen, bevor du um die Gnade der Karmabefreiung bittest. Wenn dein JA klar und voller reiner Absicht ist, dann beginne mit der Arbeit an diesem Buch. Finde durch die Anbindung an deine wahre Quelle der göttlichen Kraft die göttliche Kraft in dir selbst, die immer schon dein Eigen war.

Selbstermächtigung –
Selbstverantwortung

Selbstermächtigung, Selbstverantwortung bedeuten, dass du die volle Verantwortung übernimmst für alles, absolut alles, was dir begegnet. Nie wieder sagen können: „Der andere Mensch ist schuld, weil es mir schlecht geht", oder: „Die Welt ist schlecht, und ich kann nichts ändern", etc. ist für viele Menschen wirklich nicht leicht, da wir seit Jahrtausenden gewohnt sind, in einer Welt zu leben, die den Menschen entmachtet und zu Opfern macht. Hinzu kommt, dass immer noch alle Religionen auf den Messias warten, der die Menschen endlich erlöst von dem Übel dieser Welt. Somit ist im menschlichen Bewusstsein das Warten auf den Retter von Außen fest verankert.

Durch Befreiung von Karma in den Status der Gnade zu gelangen gibt dir deine Macht über dein eigenes Leben zurück, ja, fordert sogar, dass du diese an- und übernimmst und nie wieder einen anderen Menschen, eine Situation im Außen, einem Symptom deines Körpers etc. verantwortlich machen kannst, weil du nicht auf deinem Weg bist und auf diesem auch bleibst. Sie fordert, dass du alles, aber auch wirklich alles, im Außen und im Inneren annimmst, als Spiegel dessen, was in dir noch fehlt oder geheilt werden möchte. Das bedeutet nicht, du darfst nicht auch Fehler machen. Sie führen dich zu dem, was dir noch fehlt. Wichtig ist, dass du es immer öfter selbst erkennst.

Aus diesem Grund ist es wichtig, aus der Bewertung herauszutreten. Nicht nach dem Eso-Motto, das oft an fehlendem Mitgefühl nicht zu überbieten ist – „alles, was geschieht, ist gut für alle", sondern immer mit tiefem Mitgefühl für dich selbst und andere Menschen und Wesen auf dieser Erde. In der Erkenntnis, dass nichts von dir getrennt ist, dass du ein Teil des Ganzen, momentan ein Teil der Erde, bist und dass alle Menschen, alle Tiere und Alles-was-ist ein Teil deiner Selbst sind, wirst du lernen, das Verurteilen und das Bewerten abzulegen. Nichts ist wirklich schlecht in dieser Welt. Was du siehst in der Welt ist ein Spiegel dessen, wie der einzelne Seelenteil seine Erfahrungen machen möchte. Darum gehört zur Selbstverantwortlichkeit die Bewusstheit, dass alles, aber auch wirklich alles, in dieser Dimension einem Gesetz unterliegt. Dem Gesetz der Erfahrung und der Spiegelung. Alles, was dich berührt, hat etwas mit dir zu tun. Darum übernimm die Verantwortung für alles, was zu dir gehört. Bewerte nicht, verurteile nicht, vor allem sei nicht „göttlicher" als die allliebende Gotteskraft es ist. Wenn du die dunkle Seite der Polarität verurteilst, dann bist du im Urteil, dann bist du in der Bewertung, dann bist du nicht in der Gelassenheit des wahren Schöpfergottes, der du in Wahrheit bist. Nein, dann bist du sogar mittendrin.

Um Missverständnisse zu vermeiden: Es geht nicht um Abstumpfung. Es geht darum zu erkennen, egal, was geschieht, der jeweilige Mensch, der eine Erfahrung macht, hat zugestimmt, in diese Erfahrung einzutauchen. Doch anstatt zu verdrängen, zum Beispiel keine Nachrichten hören oder schauen, oder esoterische Egozentrik und Überheblichkeit an den Tag zu legen, zum Beispiel: „Na ja, die haben sich das ja so ausgesucht, ist deren Karma", egal, wie schrecklich die Situation ist, spüre in dein Herz und erfahre das Mitgefühl mit diesen Menschen, Situationen und der Erde. Schule dein Herz in Mitgefühl, und dann lass die Situation los, ohne sie zu bewerten. Jesus erfuhr seinen Aufstieg, weil er in der Stunde seiner tiefsten Verletzung durch Menschen Mitgefühl zuließ, erfuhr und verzieh. Das ist wahre Meisterschaft auf Erden. Dies ist auch dein Weg zur wahren Meisterschaft, und damit zur Selbstverantwortlichkeit in deinem Leben.

Karma entsteht aus Bewertung, aus mangelnder Liebe. Auf der einen Seite um Befreiung bitten und auf der anderen Seite weiterbewerten und verurteilen, alles Wesenszüge des Verstandes beziehungsweise Intellekts, zieht unweigerlich wieder Karma nach sich. Übernimm die Verantwortung, dass du ein göttliches Wesen bist, das hier eine Erfahrung als Mensch macht und alles gut ist, wie es zu sein scheint. Dann gehe deinen Weg der Gelassenheit dem Licht entgegen und ändere deine eigene kleine Welt. Distanziere dich von Energien, die dir nicht guttun, und gehe deinen Weg mit dem Licht, das du bist. Auf diesem deinem Weg berühre so viele wie möglich mit deiner neuen Klarheit.

Du musst nicht perfekt sein nach der Einweihung. Du darfst Fehler machen, doch dann erkenne diese und nutze die Werkzeuge, die dir mit der bewussten Karmabefreiung in *Ancient-Master-Healing* durch die Meister geschenkt werden.

Ancient-Master-Healing ist das Licht, das du in Wahrheit bist. Es ist deine Fahrkarte für den Aufstiegszug.

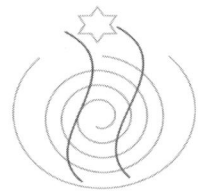

Ancient-Master-Healing
Theoretische Grundlagen

☆☆☆

Steige empor zu mir, oh Teil meiner Seele,
die du wähltest, ein Mensch zu sein.
Wir ehren und preisen dich, erheben dich in deine Größe,
die du so lange verstecktest unter deiner vermeintlichen
menschlichen Blöße.
Nun kehrst du zurück in das Licht, das du bist.
All dein Erfahrenes du nie wieder vergisst.
Endlich bist du bereit, deine Seele ganz zu empfangen.
Darum freue dich, es ist so viel Zeit schon vergangen,
in der du freudlos voll Kummer warst,
in der du Liebe verloren hast.
Die Liebe, die Freude kehren zurück in dein Leben.
Heute kannst du selbst dir alles vergeben.

Du bist Gott und Göttin zugleich.
Nur in dir ist es zu finden, dein ewiges
glückseliges Himmelreich.

☆☆☆

Was bedeutet *Ancient-Master-Healing* für die Menschheit und für die Erde?

Die Erde, und mit ihr die gesamte Menschheit, befindet sich im globalen Aufstiegsprozess.

Wir gehen auf eine große Wende im Leben eines jeden einzelnen Menschen und der Seele der Erde zu. Die Zeitenwende bezeugt einen Wandel, den der gesamte Planet Erde mit allen Lebensformen, wozu auch die Menschheit gehört, erfahren wird, weil sich das Bewusstsein gewandelt hat und in den kommenden Jahren weiter verändern wird. Die Liebevollen werden sich von den Lieblosen trennen. Die Polarität wird eine starke Trennung erfahren, und wir werden die bereits erlebten und von einigen Menschen erinnerten vergangenen Polsprünge in einem neuen Licht erleben. Wenn auch immer in den vergangenen Jahrtausenden der Aufstieg für viele möglich wurde, so wird dieses Mal das Bewusstsein von Mutter Erde ebenfalls den Aufstieg erfahren. Wer sich anschließen möchte, ist herzlich eingeladen.

Wenn wir vom Aufstieg der Erde hören, fragen viele Menschen immer wieder, was das zu bedeuten hat. Einen Aufstieg auf einen Berg, das kennen wir. Doch DER Aufstieg lässt jeden Menschen in irgendeiner Form reagieren, weil in jeder Seele eine Saite zum Klingen kommt, die noch unbewusst, aber dennoch vorhanden ist. Wie kommt das?

Wir sind am Ende eines langen Zyklus angelangt, in dem die Erde wieder in die Lichtzone des Christusbewusstseins eintreten wird. Der Photonengürtel, den wir bereits erreicht haben, spricht eine deutliche Sprache. Sein Erscheinen zeigt uns den Weg zurück zu dem, was wir wirklich sind. Wir haben die Ausläufer des Photonengürtels erreicht. Der Photonengürtel ist reine Ur-Lichtstrahlung des Schöpfers unseres Universums. Er ist reines, kristallklares Christusbewusstsein, das in der Zentralsonne Alcyone sein Licht strahlen lässt.

In dieser jetzigen Zeit bekommen wir sehr viele Hilfen aus der geistigen Welt, und zwar sowohl aus den lichten Gottesebenen, als auch aus den dunklen Bereichen. Wir stehen somit täglich vor der Wahl, welchem Weg, welchem Rat wir folgen wollen. Der Kampf um die Seelen, die sich der eigenen Göttlichkeit bewusst werden und sich dieser zuwenden, findet tagtäglich statt. Darum ist es so wichtig, dass wir die wunderbaren Werkzeuge, die uns verstärkt durch die Geistigen Welten der Engelebenen und der Aufgestiegenen Meister gegeben werden, wie zum Beispiel *Ancient-Master-Healing*, möglichst tagtäglich anwenden.

Erinnere dich immer wieder daran, es gibt nur zwei Dinge auf dieser Erde, und das sind: Liebe und Abwesenheit von Liebe. Jegliche Abwesenheit von Liebe bedeutet, dass du in der Illusion dieser Welt lebst, selbst dann, wenn du sie gar nicht mehr wahrnimmst, weil du dich bereits an das ständig vorhandene Grundgefühl der Angst gewöhnt hast. Nach deiner Einweihung in die *Ancient-Master-Healing*-Energie wirst du dich von solch belastenden Ängsten vollkommen frei und dem Licht sehr nahe, oder es sogar in dir fühlen. Diesen Zustand kannst du immer wieder herstellen, sobald du dich in die *Ancient-Master-Healing*-Energie begibst. Du machst damit nicht nur dir selbst, sondern der gesamten Menschheit ein wundervolles Geschenk und hebst damit die Energie der Erde um ein Vielfaches an.

Alles, was wir uns selbst geben an lichtvoller Arbeit, geben wir der gesamten Menschheit zum Geschenk, denn jeder beginne bei sich selbst, und wie Jesus der Christus sagte: Ein jeder trage des anderen Last.

Indem du dich in diese Energie begibst, wird deine Arbeit in die Akasha-Chronik eingetragen und für alle Menschen verfügbar. Je mehr wir „Eingeweihten" uns dieser Aufgabe widmen, desto mehr Kraft erhält dieser Eintrag, und je kraftvoller die Energie in der Akasha verankert ist, desto eher werden mehr und mehr Menschen zu dieser lichtvollen Energie geführt, auf dass keine Seele verloren gehe.

Die jetzige Phase, in der wir uns befinden, ist einmalig in dieser Form im gesamten Universum, denn der Planet Erde wird seinen Aufstieg machen. Die Seele unserer Lady Gaia hat ihren Auftrag erfüllt, und ihrem Aufstieg steht nichts mehr im Wege. Sie wartet nur noch auf viele ihrer Schwestern und Brüder, die im Zweifel sind. Das ist jedoch auch der Grund, der so viele geistige Wesenheiten in unsere Dimension bringt. Nur aus diesem Grund, weil Mutter Erde so viele ihrer „Kinder" mit auf ihren Weg nehmen möchte und Miranlaya den Kraftkanal gehalten hat, den wir mit unserem Erwachen vollständig geöffnet haben, sind so viele Engel und Aufgestiegene Meister wieder in und um uns, uns den Weg zu leiten. Somit ist es völlig verständlich, dass die Seite, die nur in der Angst, oder umgangssprachlich in der Dunkelheit lebt, alles daran setzt, diesen Aufstieg zu verhindern und die Menschheit zu verblenden. Sämtliche Ablenkungsmanöver wie Freizeitspielchen, Fun-Gesellschaft, das Fernsehen mit seinen Blödelshows, Sexgeschichten, Urlaubsträume, die Printmedien etc. haben nur eines zum Ziel, den Normalbürger beschäftigt zu halten. Die gesamte Geldschiene hier auf diesem Planeten dient dazu, den Menschen in Abhängigkeit und Wünschen festzuhalten, die unbedingt nach Erfüllung rufen.

Du, die oder der du dich auf dem Weg deiner Seele befindest, befreie dich aus der Angst vor dem, was auf uns und die Erde zukommen wird. Indem du auf der Erde in deiner *Ancient-Master-Healing*-Energie wandelst, ermöglichst du mehr und mehr Menschen, in sich frei und heil zu werden und die Geburtswehen der Erde ein wenig erträglicher zu machen.

Besinne dich immer wieder auf deine Übungen, begib dich immer wieder in die *Ancient-Master-Healing*-Energie, und du wirst von all diesen Dingen im Außen nicht mehr so stark berührt werden, dass du in ihnen versinkst.

Finanzieller Wohlstand, körperliche Gesundheit und geistiges Wachstum werden dir sowieso gewährt, wenn du die innere Fülle, die *Ancient-Master-Healing* dir schenkt, immer in dir trägst und nach außen ausstrahlen lässt.

Die Zeiten, in denen wir heute leben, sind nur scheinbar schwer, für den Unwissenden oft unerträglich, weil er von Ängsten heimgesucht wird, die aller Wahrscheinlichkeit nach in den nächsten Jahren noch zunehmen werden. Kriege, Kontrolle und falsche Propheten werden die Menschheit verunsichern. So ist es prophezeit. Doch wenn du in dir und deiner Göttlichkeit verweilst, wenn du dir jeden Tag dein Eintauchen in die Stille gönnst, dann wirst du geschützt sein. Alles, was jetzt geschieht, ist ein völlig normales Bild der Auflösung der Polarität, die wir selbst uns erwählt haben.

Du kannst mit der Energie der Urquelle in dir völlig ruhig und gelassen den Dingen entgegentreten, weil du dich selbst befreist, indem du die Hilfen der höheren spirituellen Lichtebenen annimmst. Solange du in dieser Gnade ruhst, kann dir nichts geschehen. Du wirst Dinge möglich machen können, die dir bisher unerreichbar schienen, denn du kannst dich täglich von neu angesammeltem Karma befreien und deinen Aufstieg vorbereiten. Alles, was du für dich selbst tust auf deinem Weg zum Licht, tust du für die ganze Menschheit und alles Leben auf dieser Erde, denn es gibt keine Trennung. Jeder Lichtfunke erhellt die Dunkelheit weitaus mehr, als es die Dunkelheit dem Licht antun könnte zu verdunkeln. Wo Licht ist, muss die Dunkelheit weichen.

Erinnere dich immer daran. Du bist vom Licht, und immer, wenn du dich mit dem Licht verbindest, bist du im Licht, egal, was im Außen geschieht.

Wir, die wir auf diesem Wege gehen, haben uns genau zu diesem Zweck in der jetzigen Zeit inkarniert, um unser altes Karma zu heilen, was durch die Gnade von *Ancient-Master-Healing* mit Hilfe der Meister/innen und Aufgestiegenen Meister/innen geschieht, um das Bewusstsein auf der Erde anzuheben. Lichtarbeiter sollen Lichtbringer sein in einer Zeit, die für den Planeten eine dunkle Zeit zu sein scheint.

Du bist ein Lichtarbeiter, Lichtwirker, Lichtbringer. Darum hebe deinen Kopf. Sei dir deiner Göttlichkeit bewusst und freue dich auf den Wechsel der Dimensionen. Arbeite an dir, und du wirst durch deine Ausstrahlung und lichtvolle Energie viele verwandte Seelen mit in die höheren Dimensionen nehmen können. Die höheren Dimensionen sind hier direkt neben dir. Du musst nur noch ein wenig feinstofflicher werden, und du wirst sie erkennen. *Ancient-Master-Healing* verhilft dir zu diesem Dimensionswechsel.

Die vier niederen Körper

Der physische Körper

ist das Gefährt, das die Seele für ihren Entwicklungsweg auf dieser Erde geschaffen hat. Dies ist der einzige Körper, den die meisten Menschen sehen und wahrnehmen können. Er gilt als das Instrument der Seele und ermöglicht die Bewegung im physikalischen Universum. Gleichzeitig ist er der Träger der anderen drei niederen Körper während einer Inkarnation.

Der physische Körper ist sehr anfällig für Verletzungen und Missbrauch. Auch wenn viele spirituelle Menschen ihren Körper als ein Gefängnis betrachten, sei dir darüber im Klaren: Ohne deinen Körper bist du als Seele auf der physischen Ebene völlig handlungsunfähig. Nur mit dem Wunderwerk „Körper" ist deine Seele in dieser Dimension handlungsfähig.

Der physische Körper verliert seine Wichtigkeit, wenn wir in die geistigen Bereiche hinüberwechseln. Das Heraus- und Hineinschlüpfen in einen physischen Körper ist für deine Seele nichts Ungewöhnliches, denn du hast es schon viele Male getan. In der Reinkarnationstherapie, oder wenn wir diesen Körper ablegen, können wir uns daran erinnern.

Der Ätherkörper

ist für die meisten Menschen unsichtbar. Doch im Grunde ist dies der eigentliche, der wahre physische Körper des Menschen. Er ist größer als der physische Körper und durchdringt diesen, da er feinstofflich ist. Der Äther-körper ist das Transportmittel der feinstofflichen Energien, die aus dem Universum über unser Sonnensystem und über die Planeten auf unsere Erde strömen, sie beeinflussen und am Leben halten.

Der Ätherkörper ist das ätherische Doppel des physischen Körpers und ragt nur ca. 2 cm über diesen hinaus. Dieser Körper kann von vielen sensitiven Menschen noch wahrgenommen und gesehen werden. Im Ätherkörper sind die Chakren angeordnet als Träger oder, besser gesagt, als Übermittler der Lebensenergie und Wahrnehmung. Der Ätherkörper ist der Träger der Lebenskraft, die er auf den physischen Körper überträgt. Es ist unsere Lebensaufgabe, uns diesen Körper mehr und mehr zu erschließen und über die Bilder und anerzogenen Verhaltensweisen Meisterschaft zu erlangen. Nicht um in der Vergangenheit zu leben, sondern im Hier und Jetzt.

Alle Menschen sowie Tiere und Pflanzen stehen durch ihren Ätherkörper mit dem Ätherkörper der Erde und dem sichtbaren Universum in direkter Verbindung. Das heißt, dass wir über den Ätherkörper mit allen Lebewesen verbunden sind und eine Einheit bilden. Über diesen Körper bekommen wir zum Beispiel die Gedanken und Gefühle anderer Menschen bewusst oder unbewusst mit.

Die eigenen, aber auch fremde Gedanken und fremde Emotionen erreichen den Ätherkörper, und damit das Lebensgefühl. Wahre Heilung kann nur auf der Ebene des Ätherkörpers stattfinden, damit sie den physischen Körper durchdringen kann.

Der Emotionalkörper

Hier sind alle Gefühle gespeichert. Der Emotionalkörper ist eine Art Reflektor, also eine Spiegelung aller Gefühle, Wünsche und Bilder, die jeder Mensch, mit dem wir verbunden sind, seit Anbeginn der Inkarnationen gespeichert hat. Der Emotionalkörper ist der Sitz des Unterbewusstseins. Deswegen ist er im eigentlichen Sinne kein Körper. Auf der Astralebene der Erde sind die Emotionen (man spricht auch von Illusionen) der gesamten Menschheit zu finden.

Der Ätherkörper, der den Emotionalkörper beinhaltet, ist für Sensitive sicht- und fühlbar. Hier sind alle unsere Wünsche, Begierden, Bedürfnisse, Triebe, Emotionen angesiedelt. Hier finden auch die grundlegenden Entscheidungen über das Leben im Allgemeinen statt. Der Emotionalkörper ist dazu da, anspruchsvolle Ideen und Gefühle durch die Entwicklung unserer Liebesfähigkeit (selbstlose Liebe) zu verfeinern. Dadurch wird es immer mehr möglich, die Vorgänge in den inneren Reichen aufzunehmen und schließlich dem Tagesbewusstsein zu übertragen. Je reiner und klarer die Gefühle sind, desto eher können die inneren Vorgänge im Tagesbewusstsein klar werden.

Der Mentalkörper - Verstandesebene

Hier hat der Intellekt seinen Sitz, und hier findet das konkrete Denken in Bildern statt. Er ist der vierte niedere Körper und weniger leicht sichtbar. Er stellt die Verbindung zu den höheren Körpern her.

In diesem Körper sind alle Gedankenenergien seit Anbeginn der Zeit gespeichert. Von hier aus wird das physische Gehirn angeregt, seine Arbeit zu verrichten. Doch in einem ungeklärten Mentalkörper sind so viele Reste ungelöster Energien vorhanden, dass der unerleuchtete Intellekt nur in der Lage ist, 180-Grad-Alternativen in einer verzwickten Situation zu erdenken. Die Entwicklung des Mentalkörpers ist allen Menschen anzumerken. Da sind die einen, die sich von niederen Instinkten und ebensolchem Denken leiten lassen und ausgerichtet sind, und die anderen, die erkannt haben, dass das Leben einen höheren Sinn hat. Das Denken wurde so weit geklärt, dass es zu höheren Zielen strebt und die seelisch-geistige Ebene völlig einbezieht. Hier wird der Zugang zu höheren Ideen, zur Intuition und Inspirationen unterstützt und erreicht. Dann hat bereits eine Vereinigung stattgefunden zwischen Emotionalkörper und Mentalkörper, und der Weg der Seele ist das wichtigste Ziel in den Inkarnationen geworden. Ein geklärter Mentalkörper kann den Emotional- und den Ätherkörper auf allen Ebenen heilen, da das Denken die „Realität" erschafft.

Bei geistig unentwickelten Menschen von schwerer Schwingungsfrequenz bleiben der Äther- und der Emotionalkörper während des Schlafs gerade über dem physischen Körper schwebend. Beim geistig weiterentwickelten, fein schwingenderen Menschen sind diese Körper für sich selbst wach und in den Astralbereichen tätig. Es ist diesen Körpern dann möglich, an jeden Punkt der Erde und des Sonnensystems zu reisen. Meist wird jedoch die Zeit genutzt, um in höheren Ebenen zu lernen und zu lehren. Hier findet während der Nacht dann auch Karmabearbeitung statt. Dazu ist es jedoch notwendig, dass der Mensch bereits an und mit sich arbeitet, denn die feinstoffliche Ebene kann nur von ebenso feinstofflichen Körpern durchdrungen werden.

Bestimmt bist auch du schon morgens aufgewacht und hattest das Gefühl, die ganze Nacht hart gearbeitet zu haben. Dann warst du möglicherweise in einem schwierigen Unterricht oder hast anderen Wesen geholfen, was wiederum deine eigene Schwingungsfrequenz anhebt. Dagegen hilft dann ein Glas oder mehrere Gläser frischen Wassers, um deine eigenen Energien wieder zu aktivieren.

Der Äther- und der Astralkörper sind über die sogenannte Silberschnur mit dem physischen Körper verbunden. Sobald dieser in seinem Tiefschlaf gestört wird, fallen diese Körper augenblicklich in den physischen Leib zurück. Falls du schon einmal durch solch einen Falltraum aufgewacht bist, dann hast du dieses Zurückprallen der energetischen Körper gespürt.

Der geistig höher Entwickelte erlangt mit einer gewissen Übung die völlige Herrschaft über seinen Äther- und Emotionalkörper und geht mit diesen bewusst in die Astralwelten, um dort zu helfen. Sein Bewusstsein erleidet durch den Tiefschlaf keine Unterbrechung mehr.

Für uns Menschen ist der Tiefschlaf so wichtig, weil der Äther- und der Emotionalkörper nicht ständig im physischen Leib gefangen sein können, sondern zur Kraftauftankung heraustreten müssen.

Wenn du die vorgezeigte Tatsache anerkennst, dann ist klar, dass jedes Wesen zugleich ein Energiewesen ist. Diese Energiekörper, die sich wiederum aus einem System von Energiefeldern zusammensetzen, beeinflussen sich gegenseitig und stehen miteinander in Wechselwirkung. Da die unsichtbaren Körper keinen Raum beanspruchen, durchdringen sie sich gegenseitig, den physischen Körper sowie die Körper anderer Menschen. Jeder Gedanke, jedes Gefühl, jede Handlung ist eine Energieentladung, die vom Energiefeld eines jeden Menschen ausgeht und das eines anderen Menschen durchdringt.

Unser physischer Körper ist getreu dem kosmischen Prinzip: *Wie oben, so unten* aus vielen Teilfeldern erschaffen, die einander wechselseitig beeinflussen. Diese Teilfelder des Körpers werden durch die Organe des feinstofflichen Energiesystems ernährt und gesteuert, vor allem durch die Kraftzentren, die Chakren.

Die Psyche ist zu Lebzeiten an das Gehirn und die körperlichen Funktionen gebunden und ignoriert daher bis zu einem gewissen Grad nichtphysische Hinweise. Sie lässt diese dann nicht zu, was bedeutet, die Hinweise werden abgeblockt.

Nun sind die Daten aus der energetischen Welt für die Erschaffung unserer Lebensumstände von äußerster Wichtigkeit, denn der Mensch erlebt immer das, was er sich selbst zu erleben gestattet. Wir sind von Natur aus darauf ausgerichtet, in Freude und Liebe zu leben und zu lernen. Unsere Glaubenssätze, anerzogen von Eltern, Lehrern und Kultur, wirken sich jedoch auf diese inneren Daten befreiend oder hemmend aus. In den meisten Fällen sind diese Glaubenssätze oder Muster hemmend für die Gesundheit und die Weiterentwicklung. Das innere Selbst liefert alle Daten, die wir zur Bewältigung unseres Alltags und unserer Bewusstseinsentwicklung benötigen. So musst du wissen, dass du niemals von deinem eigenen höheren Selbst abgeschnitten bist, auch wenn du dich manchmal so fühlst.

Das innere Selbst erhält deinen physischen Körper und die unsichtbaren Körper am Leben, so wie es sie auch geformt und geschaffen hat. Das Wunder einer fortlaufenden Übersetzung aus den Energiekörpern in die physische Wirklichkeit (Geist in Fleisch) wird mit nie versiegender Energie durch die inneren Wesensanteile, die ihren Sitz in den unsichtbaren Körpern haben, vollbracht. Wir haben verlernt, den Körper als das letzte Glied in der Kette zu betrachten, stattdessen erleben die meisten Menschen ihre Identität, indem sie sich ausschließlich auf ihren Körper und die von ihm produzierten Symptome konzentrieren. Der Mensch und sein Körper sind identisch geworden.

Doch die Einheit Mensch besteht aus Geist – Seele – Körper, und zwar in genau dieser Reihenfolge. Der Geist ist der Erschaffende, die Seele das Produzierende, das Gebärende, und der Körper ist die Ausformung in der Realität des physikalischen Universums. Die Dreieinigkeit. Unsere unsichtbaren Körper und deren Durchlässigkeit beziehungsweise Schwingungsfrequenz bestimmen im weitesten Sinne, welche Informationen des Geistes in den physischen Körper, unter Umgehung der angelernten Glaubenssätze, gelangen. Somit wird verständlich, wie wichtig eine Reinhaltung oder, besser gesagt, ein gutes Funktionieren, eine Anhebung der Schwingung der energetischen Körper ist. *Ancient-Master-Healing* ermöglicht die harmonische Reinigung und Vereinigung zum Wohle des Ganzen.

Die höheren Körper

Der Kausalkörper

Hier entstehen die Ideen, herrscht Prinzipien-bezogenes und abstraktes Denken. Wenn du mehr und mehr auf deinem Weg zurück ins Licht, zu deinem Ursprung bist, ermöglicht dir der Kausalkörper die Schau in die Vergangenheit, in deine früheren Inkarnationen, aber auch vorwärts in die Zukunft. Hier finden Visionen und mediales Empfangen statt.

Der Seelenkörper, auch Christuskörper genannt

Der Christuskörper ist der Sitz der Intuition, Erkennen der Gesetze des Lebens. Das Höhere Selbst hat hier seinen Raum. Wenn du dir mit der Einweihung in *Ancient-Master-Healing* diesen Körper erschließt, dann kannst du die Hingabe an das Leben erfahren, an deinen Weg, an deine ureigene Göttlichkeit. Du kannst das Christusbewusstsein, das reine Liebe ist, frei von kirchlichen Dogmen in dein Leben integrieren.

Der Geistkörper

Er besteht aus reinem Geist, frei von Begrenzungen. Der freie göttliche Wille und deine Allgegenwart sind hier verankert. Hier herrscht das Bewusstsein ICH BIN. Es ist im Grunde nicht mehr als Körper zu verstehen, denn du erreichst hier das Göttliche und die Verschmelzung in allumfassender Liebe mit der Einheit, mit dem Licht der universellen Intelligenz.

Gerade die feineren Körper mögen für den Alltag der meisten Menschen unwichtig erscheinen, und darum beschränken sich die meisten Menschen heute auch auf den grobstofflichen, festen Körper, der für uns auf diesem Planeten jedoch nicht mehr ist als der Ausgangspunkt für die Rückkehr in die Alleinheit. Doch auch wenn du dir der unsichtbaren Körper noch nicht bewusst bist, ist es wichtig, von ihrer Existenz zu wissen. Und wenn du hin und wieder das Gefühl hast, dass du alleine bist und dir etwas wirklich Essenzielles fehlt, dann ist es meist diese Verbindung zu deinen höheren Körpern, zu deinem Höheren Selbst, zu deinem ICH BIN. Nun, da du es weißt, kann es sein, dass dieses Wissen dir bereits helfen kann, wenn du in Zukunft nur daran denkst.

Wenn der Mensch stirbt, dann stirbt nur der physische Körper. Alle anderen Körper bleiben erhalten. Die drei niederen Körper (Ätherkörper, Emotionalkörper, Mentalkörper) lösen sich erst am Ende der Inkarnationszyklen auf. Dadurch bleiben alle Neigungen, Abneigungen und Gefühle im Emotional- und Mentalkörper für alle Inkarnationen erhalten. Genau an dem Lernpunkt, an dem du mit deinem physischen Körper in der letzten Inkarnation aufgehört hast, in der Stunde deines Todes, machst du in den geistigen Bereichen weiter.

Was du hier auf Erden zu lösen hast, steht dann in den geistigen Bereichen ebenso an. Ein Mensch, der so verzweifelt ist, dass er durch Selbstmord versucht davonzulaufen, wird sich auf der anderen Seite mit genau denselben Problemen konfrontiert sehen, nur noch viel dramatischer. Denn auf der feinstofflichen Ebene ist der Emotionalkörper sehr viel aktiver als hier in der Dritten Dimension. Hier ist der physische Körper der Puffer. Daher werden die Seelen von diesen Gefühlen dort ohne Ablenkung getroffen, die uns der physische Körper schenkt.

Aus diesem Grund entscheiden sich die Seelen, wieder in die irdische Inkarnation zu gehen, um die Dinge in einem physischen Körper zu lösen. Das ist sehr viel leichter als auf der feinstofflichen Ebene, auch wenn es manchem in einer ausweglosen Situation nicht so erscheint.

Ja, wir können hier und jetzt, in diesem Leben, all das erlernen und erfahren, wozu wir vormals viele Inkarnationen benötigt haben. Das Universum ist Schwingung, das ist ein kosmisches Prinzip. Darum ziehen wir alle Hilfen an, die wir benötigen, wenn wir den Wunsch nach Vervollständigung des Lebens in uns tragen. Das Einzige, was wirklich vonnöten ist, ist, dass wir unsere schwere Schwingung in der Materie verfeinern, verfeinstofflichen.

Dazu wurde uns *Ancient-Master-Healing* zurückgegeben.

Das *Ancient-Master-Healing*-Chakrasystem

Das Tempelchakra

Das Ancient-Master-Healing-Chakrensystem beginnt mit dem Tempelchakra. Dieses Chakra befindet sich ca. 20 bis 30 cm oberhalb deines Kronenchakras. Ihm kann im Grunde keine Farbe zugeordnet werden, da es strahlend hell und Perlmutt schimmernd ist, so, wie die Quelle sich uns selbst erschließt. Über dieses Zentrum können wir verstärkte Liebes- und Lebensenergie aufnehmen und in Kontakt zu den feinstofflichen Welten treten. Das Tempelchakra steht nicht mehr in direkter Verbindung zum Körper. Es wird in der Einweihung so weit gereinigt und geöffnet, dass eine dauerhafte und direkte Verbindung zur Quelle besteht und die höheren Körper sowie die höheren Chakren darin eingebunden sind. Ein aktives Tempelchakra ermöglicht unseren spirituellen Lehrern einen direkten Zugang in unser Inneres. Die Geistige Welt kann durch und mit uns als bewusstes Medium kommunizieren. Wenn dieses Chakra gut entwickelt ist, und das geschieht immer erst nach der Entwicklung des siebten Charkas, dann liegt die Weisheit des Universums greifbar vor dir.

Das Thymuschakra

Das Thymuschakra befindet sich zwischen Hals- und Herzchakra. Farblich zeigt sich dieses Chakra in einem kräftigen, warmen Türkis und erinnert an die Farbe der Südsee. Dieses Chakra, wenn es aktiviert ist, verbindet dich wieder mit deinem eigenen Seelenplan und hilft bei der Bearbeitung von Gefühlen. Es besitzt eine direkte Verbindung zu deiner Seele. Die Aktivierung des Thymuschakras heilt die Brücke der Liebe. Sie verbindet Herzzentrum und Kehlzentrum harmonisch miteinander. So kann liebevolle Herzenskommunikation erwachen. Jedes lieblose Fühlen und Reden resultiert aus einem unentwickelten Thymuszentrum. Mit deiner Einweihung und der Aktivierung des Thymuszentrums wird die Verbindung neu geschaffen, geheilt und geklärt.

Hier eine kurze Übersicht der sogenannten sieben Haupt-Chakren

Das Wurzelchakra

Das Wurzelchakra befindet sich am unteren Ende der Wirbelsäule. Es steuert die Mechanismen, die den physischen Körper am Leben erhalten, und dient zur Aufnahme der Erdenergie, wodurch die Verbindung zu Mutter Erde, die Verwurzelung, geschaffen wird. Durch eine gute Erdung wird eine gute Standfestigkeit geschaffen.

Ein voll aktiviertes Wurzelchakra lässt dich eine tiefe Verbundenheit mit Mutter Erde fühlen. Du fühlst dich wohl, gesund und verfügst über eine gute physische Vitalität. Du erkennst, dass das Leben nicht von anderen Lebensformen auf diesem Planeten zu trennen ist, und hast das Gefühl von Stärke und Lebenskraft. Es ist ein besonders wichtiges Zentrum für die spirituelle Entfaltung, denn es ist der Sitz der Kundalini – Schlangenkraft – und Ausgangspunkt für die Hauptmeridiane des physischen Körpers.

Das Sakralchakra

Das Sakralchakra befindet sich etwa zwei Finger breit unterhalb des Bauchnabels. Dieses Chakra nimmt überwiegend Sonnenenergie auf, die dann umgewandelt wird in körpereigene Lebenskraft. Es steht in direkter Verbindung zur ätherischen Ebene und zur Akasha-Chronik, in der alles Wissen von Anbeginn an gespeichert ist. Alles, was erkannt und getan wird, erfährt der Mensch über das Sakralchakra aus dieser Ebene.

Hier werden die frühesten und grundlegenden Gefühle gespeichert und verarbeitet. Es steuert die Sexual-Energie, die weitaus mehr ist als körperliche Sexualität, nämlich pure Lebenskraft und Lebensfreude. Hier erleben wir die Welt der Wunder. Nur selten ist bei Kindern in den ersten sieben Jahren dieses Chakra gestört, weil das Kind bis zu diesem Lebensalter noch einen direkten Zugang zur Quelle hat. Kinder erleben meist real die Welt der Naturgeister und Schutzengel. Erst durch anerzogene Ablehnung des Seins und einer bewegungsarmen und sexualfeindlichen Erziehung wird der ungehinderte Fluss und damit die Lebensfreude und Lebenskraft blockiert.

Ein gesundes Sakralchakra steht für schöpferische Kraft, gut entwickelte Sexual- und Lebensenergie, gute Verdauung und gezielte Aktivitäten. Der Mensch ist freundlich und reagiert sensitiv auf seine eigenen und die Bedürfnisse anderer Menschen.

Eine Blockade in diesem Zentrum äußert sich in Missmut, Depressionen, Schuldgefühlen und Angst vor emotionalen Verletzungen. Die Unfähigkeit, Zugang zu den eigenen Gefühlen zu finden, und die Tendenz, alles in sich „hineinzufressen" und eines Tages aus dem geringsten Anlass zu explodieren, weist darauf hin, dass diesem Chakra mehr Aufmerksamkeit gewidmet werden sollte.

Das Solarplexus-Zentrum

Dieses Chakra ist verbunden mit der Astralebene. Es ist Empfangs-, Sende- und Schaltzentrale der Gefühle im weitesten Sinne. Über dieses Chakra nehmen wir die Gefühle und Schwingungen anderer Menschen in uns auf und geben unsere eigenen Schwingungen und Gefühle an die Umwelt ab. Jede Schwingung wird direkt über dieses Chakra übertragen. Darum ist es wichtig zu lernen, diesem Zentrum zu vertrauen. Durch Konzentration auf diesen Bereich gelingt es dir, deine eigenen Energien von denen anderer Menschen zu unterscheiden.

Ist das Solarplexuschakra gut entwickelt, verfügt der Mensch über eine gute Kondition, Widerstandskraft, Selbstkontrolle und Selbstachtung. Es gibt keine Schwierigkeiten mit Machtausübung durch und/oder über andere. Es ist das Machtzentrum schlechthin. Unsere Fähigkeit, Zusammenhänge herzustellen und Liebe zu empfinden beziehungsweise enge Beziehungen einzugehen, steht in direkter Verbindung zu diesem Zentrum. Der Mensch ist empfindungsfähig und sozial. Er kann ohne Angst vor Verletzungen offen auf andere Menschen zugehen.

Störungen in diesem Chakra erzeugen Unentschlossenheit, die Angst zu versagen und Furcht vor anderen Menschen. Die anderen sind immer die Besseren, die

Größeren, die Schöneren, die Mächtigeren, oder das Gegenteil. Dieser Mensch fühlt sich unharmonisch, schwach und ausgelaugt. Ebenfalls verhindert eine Störung die Umwandlung irdischer Schwingungen in spirituelle Energien und die Rückkoppelung spiritueller Informationen. Der Mensch ist von der Energie des feinstofflichen Körpers abgeschnitten. Er ist ZU.

Diese drei Chakren werden als die unteren Chakren bezeichnet. Sie gelten als die Grundlage für körperliches und geistiges Wohlbefinden – aber auch für Disharmonien und Krankheit. Dies resultiert meist aus unserer bewegungsarmen Zivilisation. Schon Kinder werden immer wieder aufgefordert, endlich stillzusitzen. Dadurch werden die Vitalität, die Lebensfreude und die Sexualenergie, unsere stärksten Energiekräfte, zur Erreichung unserer Ziele eingeschränkt.

Niemals darf ein Chakra ab- und ein anderes überbewertet werden, wie das oftmals geschieht, wenn nur den oberen – höheren Zentren – Beachtung geschenkt wird. Die oberen Chakren können überhaupt nicht arbeiten, wenn die unteren schwach und unentwickelt sind. Ein Chakra ist kein eigenständig funktionierendes Zentrum. Nur ein gesundes Arbeiten aller Chakren gewährleistet die optimale Versorgung des Körpers und der Seele durch die Verbindung zum Universum. Eine Blockade in einem der Chakren führt unweigerlich dazu, dass die Energie nicht frei durch die anderen Chakren fließen kann. Nach dem kosmischen Prinzip – WIE DER TEIL, SO DAS GANZE – richte deine Aufmerksamkeit auf alle Chakren.

Das Herzchakra

Dieses Chakra reicht in den Solarplexus hinein und verbindet sich mit dessen Energien. Durch die Aktivierung des Thymus reicht es sodann auch in das Kehlzentrum hinein. So kann selbstermächtigte Liebeskraft dein ganzes Sein erfüllen.

Hier beginnt die Erkenntnis. Es ist die Schaltzentrale für Mitgefühl und in Verbindung mit den kosmischen Heilkräften. Der „Heiler" agiert immer mit dem Herzchakra, denn Heilen bedeutet: Liebe und Licht empfangen, durch das Herzzentrum hindurchleiten, ausstrahlen und das Herzzentrum eines anderen mit Lebenskraft füllen. Der Mensch erhält hier seine liebevolle und menschliche Ausstrahlung.

Ein gut funktionierendes Herzchakra lässt dich zu einer Quelle des Lichts und der Liebe werden, und zwar nicht nur der menschlichen, sondern der göttlichen, der spirituellen Liebe. Die Erweckung des Herzchakras verleiht dir die Fähigkeit, die Schwingungen anderer Wesen so weit zu erfassen, dass du ihre Gefühle verstehen lernst. Du kannst Herzenskontakt zur Geistigen Welt aufnehmen. Es hält das Gleichgewicht zwischen den unteren und oberen Chakren und ist das Zentrum des wahren göttlichen ICH. Hier ist die Verankerungsstelle für den Astralkörper und der Steuerungsmechanismus für die reinen, göttlichen Gefühle. Das Bewusstsein eines Menschen mit gut entwickeltem Herzchakra ist weitaus höher als das der breiten Masse. Jede Schwingungsform kann in reine Liebe transformiert werden. Hier beginnt die Einsichtnahme in höhere Gesetze und in die Gesetze der Natur.

Eine Blockade im Herzchakra erzeugt im gesamten Körper Verspannungen. Die Atmung wird flach, ebenso die Gefühle. Probleme in diesem Bereich zeigen sich dann in Besserwisserei, Überbewertung der eigenen, vermeintlich echten Gefühle, Angst, Egoismus, Unzuverlässigkeit und der Unfähigkeit, Liebe zu erleben und zu geben.

Damit die Gefühle und die Informationen richtig fließen können, und weil seine Funktion zwischen den oberen und unteren Chakren maßgeblich ist, muss dieses Chakra richtig geöffnet und im Gleichgewicht mit den anderen Chakren sein. Es gilt als Schaltzentrale zwischen den oberen und unteren Chakren.

Das Kehlchakra

Das Kehlchakra ist ein höheres physisches Zentrum und das Tor zu den geistigen Bewusstseinsebenen. Es befindet sich direkt über dem Kehlkopf und liegt genau gegenüber dem Stammhirn, der Schaltstelle für unser unbewusstes Nervensystem, Herzschlag, Atmung, Stoffwechsel.

Wenn dein Kehlkopfzentrum gut entwickelt ist, denkst und sprichst du klar und präzise, sagst genau das, was du denkst, und redest in einem Tonfall, der andere Menschen mit deiner Ehrlichkeit berührt. Du bist dir völlig bewusst, dass innere, kosmische Welten real sind, und wir gleichzeitig in der feinstofflichen wie in der stofflichen Welt existieren. Kreative Kommunikation und vollkommener Ausdruck der Persönlichkeit werden bei gut entwickeltem Kehlchakra möglich, das durch das Thymuszentrum mit dem Herzen verbunden ist. Auch der Gesichtsausdruck und die Mimik eines Menschen werden von diesem Zentrum gesteuert. Du unterdrückst nicht mehr die eigenen Gefühle, nur um andere nicht vor den Kopf zu stoßen, doch wirst du niemals andere absichtlich verletzen. Du gelangst zu kosmischer, universeller Wahrhaftigkeit.

Durch die Erweckung dieses Chakras überwindest du deine Angst. In diesem Zentrum können alle niederen Schwingungen in Freude und Liebe umgewandelt werden.

Ist das fünfte Chakra unterentwickelt, dann ist der Mensch oft erschrocken über das, was er gerade gesagt hat. Ihm ist etwas „herausgerutscht", was er eigentlich nicht sagen wollte und hat Schwierigkeiten, sich verbal verständlich zu machen oder sich klar und genau auszudrücken. Die Stimme ist meist unangenehm oder auf Dauer nervig. Eine nonverbale Verständigung von Mensch zu Mensch ist unmöglich. Es besteht dann meist ein Widerspruch zwischen dem, was dieser Mensch sagt, und dem, was er eigentlich meint. Ein weiteres charakteristisches Merkmal ist der autoritäre Mensch, der ständig das Verlangen hat, sich selbst und seine Umwelt zu kontrollieren und unter Kontrolle zu halten.

Das Stirnchakra, Drittes/Göttliches Auge

Dieses Chakra gilt als die Quelle der Kreativität, der göttlichen Intelligenz. Es ermöglicht die Zukunfts- und Vergangenheitsschau, das Hellsehen. Hier ist das Tor zum Unterbewussten, zur Intuition. Hier wird der Zugang ermöglicht zu einem Wissen und einer göttlichen Intelligenz, die nur aus dem tiefsten Inneren, dem lichten Universum, kommen kann. Und hier entstehen Ahnungen und Visionen, die als der „Sechste Sinn" bezeichnet werden.

Wenn dieses Zentrum erweckt ist, erhältst du die Fähigkeit, dir neue Realitäten auf der physischen, materiellen Ebene zu erschaffen. Bewusstsein und Unterbewusstsein verschmelzen miteinander. Um einen klaren Kontakt zu unsichtbaren Welten aufrechtzuerhalten, muss diesem Zentrum besondere Aufmerksamkeit gewidmet werden. Zeichne niemals ein Kreuz über das Stirnchakra, da du es damit verschließt.

Eine Blockade in diesem Chakra führt zu einem negativen Selbstwertgefühl und Machtstreben auf spirituellem Gebiet. Ein solcher Mensch unterdrückt andere Menschen durch Anwendung von selbst erschaffenem, angeblich spirituellem Wissen. Ihn zeichnet ein übersteigerter Missionseifer aus. Er glaubt an seine eigenen Halluzinationen und verlangt dies auch widerspruchslos von anderen Menschen.

Das Scheitel- oder Kronenchakra

Das ist das Chakra des höheren Wissens und der spirituellen Vollkommenheit. Es erwacht zuletzt und ist empfänglich für die Energien der Kausalebene. Wir können, wie in unseren Meditationen, dieses Chakra visuell öffnen, indem wir uns die Öffnung vor unserem Inneren Auge vorstellen und die kosmischen Energien in den Körper hereinlassen. Hier betritt und verlässt die Seele den Körper.

Wenn wir, beginnend mit dem Wurzelchakra, unser Chakrensystem in Balance gebracht haben, kann die Kundalini erwachen und Chakra für Chakra zum Kronenchakra aufsteigen. Dann befindet sich dieser Mensch auf einer sehr hohen Entwicklungs- und Bewusstseinsstufe. Es ist der Weg zur spirituellen Vollkommenheit. Dieser Mensch ist geöffnet für Intuitionen, Inspirationen und Informationen aus der höheren, der Geistigen Welt und hat eine direkte Verbindung zum Universum.

Ein verschlossenes siebtes Chakra führt zu Angst, Angst vor dem Sterben und damit Angst vor dem Genuss des Lebens.

Weitere Chakren

Außerdem besitzen wir Chakren in den Handflächen, den Knien und den Fußsohlen. Wenn du deine Hände aneinander reibst, wirst du ein Fließen feststellen können. Du kannst spüren, wie du dort Energie aufnehmen und wieder abgeben kannst.

Für *Ancient-Master-Healing* wichtig sind ebenfalls die Bewegungschakren.

Das erste Paar hat seinen Sitz in den Knien. Sie befinden sich in der Kniebeuge und verbinden dich mit der Energie der göttlichen Demut und der Hingabe an deine Existenz auf dieser Erde.

Das zweite Paar befindet sich in den Fußsohlen. Ihre Aufgabe ist es, uns mit Mutter Erde verbunden zu fühlen.

Das Nabelchakra

Das Nabelchakra hat seinen Sitz im Bereich des Bauchnabels. Hier sitzt die energetische Nabelschnur, die dich mit den kosmischen Reichen verbindet, in denen deine Seele zu Hause ist. Auf der physischen Ebene versorgt es deine inneren Organe mit Energie und Lebendigkeit. Auf der nichtphysischen Ebene bindet es dich an deine Seele und beinhaltet die sogenannte Silberschnur, die dich mit deinem Körper verbindet. Hier ist der Ort, über den du in die Dimensionen reisen und dich in der Nacht mit neuer Lebenskraft auftanken kannst. Durch die Aktivierung des Nabelchakras in der Einweihung wird dir ermöglicht, diese nächtlichen Reisen immer bewusster zu erfahren.

Das Erd- oder Verankerungschakra

Es befindet sich circa 15 bis 30 cm unter dem Erdboden. Seine Farbe gleicht dem geschliffenen Hämatit. Dieses Chakra stabilisiert deine Verbindung zur Erde und hält dich in seelischem Gleichgewicht, wenn du auf dem Weg der Seele wandelst. Es hält uns auf der Erde, wenn wir in Meditationen oder ähnlichen Übungen auf die innere Reise gehen.

Das Kraftchakra

Das Kraftchakra, an dem alle Lebewesen angebunden sind, befindet sich im Mittelpunkt der Erde. Seine Farbe ist kristallklar und strahlend wie ein Diamant. Während der *Ancient-Master-Healing*-Übungen entfaltet dein Kraftchakra sich zu einer strahlend glänzenden, sich drehenden

Kugel. Die Verbindung zum Kraftchakra ermöglicht dir, Himmel und Erde miteinander zu verbinden, indem du die Vereinigung der Chakren praktizierst und aufrechterhältst. Du erkennst deine Bestimmung hier auf der Erde und integrierst sie in dein Leben.

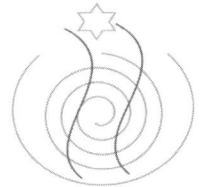

Wer ist Lady Kwan Yin?

Lady Kwan Yin ist Aufgestiegene Meisterin, Göttin der Barmherzigkeit, der Frauen und Kinder, der Gnade und des Mitgefühls. Diese wunderbare, sanfte und doch so kraftvolle Energie wird immer wieder erfahrbar, wenn du dich mit Kwan Yin in Kontakt bringst. Kwan Yin ist den Menschen auf der Erde tief verbunden und auch sehr schnell präsent, wenn du sie anrufst. Sie agiert praxisbezogen, wenn du sie um Hilfe bittest. So hat sie mir in den letzten zehn Jahren schon mehrfach aus schwierigen Situationen herausgeholfen, wenn ich sie um Rat und Hilfe bat. Ihre wunderbare Art besteht darin, dass sie keinen Rat gibt, sondern Fragen stellt, die deine Vergangenheit betreffen. Aufgrund dieser Fragen an mich konnte ich meine Lösung selbst finden und gleichzeitig diese alten Verletzungen und Verhaltensmuster erlösen. Gerade ihre sanfte Kraft macht sie zur Heilerin für die Weiblichkeit in dieser Zeit.

Es wird in China erzählt, dass Kwan Yin als Tochter eines mächtigen Fürsten in China gelebt und sich gegen den Willen und die Verbote ihres Vaters in die Gesellschaft des armen, gemeinen Volkes begeben hat. In all ihrem Überfluss erfuhr sie das Mitgefühl für die Armen, Obdachlosen und Bedürftigen, denen sie Nahrung, Liebe, Heilung und Obdach, doch vor allem Selbstliebe und Selbstannahme gab. Um ihre Aufgabe des Aufstiegs zu vollenden, soll sie in ihrem materiellen Körper für die Dauer von ungefähr 1000 Jahren ihr Erdenleben vervollkommnet und damit den Aufstieg in eine höhere Dimension erreicht haben.

Das ist es, was Kwan Yin auch uns ermöglicht. Die Liebe zu Allem-was-ist in uns selbst wiederzufinden, die Kraft des Herzens zur Entfaltung zu bringen. Mitgefühl, vor allem mit uns selbst und dann mit anderen, erfahren und leben, damit wir am Ende dieses Wegs zum Aufstieg bereit sind. Mit ihrer Hilfe können wir uns zu jeder Zeit auf eine sehr sanfte und liebevolle Weise von jeglichem Karma befreien.

Kwan Yin gilt als Bodhisattva. Ein Bodhisattva ist ein Wesen, das bereits erleuchtet ist, aber den Eingang ins Nirwana (Nirwana erreichen bedeutet, den ewigen Kreislauf der Reinkarnationen und damit das Leiden zu überwinden und frei von Karma zu sein) so lange zurückstellt, bis alle Wesen die Erleuchtung gefunden haben. Damit zeigt sie ihre Barmherzigkeit und allumfassende Liebe für alle Wesen auf dieser Erde.

Was bedeutet nun jedoch Barmherzigkeit? Barmherzigkeit gibt mehr als sie nimmt und schenkt mehr Verzeihen, Gnade, Güte, Heilung als der Mensch, der sie erbeten hat, erwartet.

Kwan Yin als Aufgestiegene Meisterin hat das Erdendasein in seiner ganzen Bandbreite erfahren und in dieser Dimension gelernt, die Meisterschaft der wahren urteilsfreien Liebe zu Allem-was-ist zu gewinnen. Meisterschaft bedeutet „Nicht-Bewerten." Darum sei gewiss, was immer dich auch belasten mag, bitte Kwan Yin, dir beizustehen, und du wirst ihre Gegenwart erfahren. Das ist ihr Versprechen an die Menschheit.

Wer ist Saint Germain?

Saint Germain ist Aufgestiegener Meister und Mitglied der Weißen Bruderschaft. Ich bezeichne ihn gern als Aufgestiegenen Meister zum „Anfassen", da seine Gegenwart, ebenso wie die Gegenwart von Lady Kwan Yin, meist sehr präsent ist, wenn wir ihn rufen. Oft zeigt er sich auch seinen Schülern. Du kannst ihn erkennen, wenn du die Augen schließt und deine Inneren Augen öffnest. Meister Saint Germain zeichnet sich aus durch seinen Sinn für Ästhetik, seinen großartigen Humor, seine freudvolle Anwesenheit, seine Güte, und vor allem durch sein mitfühlendes und liebendes Dasein für alle, die ihn um Hilfe bitten, auch dann, wenn viele Menschen ihn als distanziert bezeichnen.

Saint Germain erhielt von Lady Kwan Yin die Aufgabe des Chohan des siebten Strahls, den violetten Strahl der Heilung. Er schenkt uns die Gnade der violetten Flamme der Umwandlung. Mit der violetten Flamme können alle Belastungen, jedes Ungleichgewicht und jegliche Belastungen und Verunreinigungen der niederen Körper in reines Licht und Liebe verwandelt werden. In der neuen Energie der Zeit, in der wir jetzt leben, kam eine neue Energie dazu. Es ist der silberne Strahl, der nun die Violette Flamme durchdringt und auf weit tieferen Ebenen alles heilen kann, was nicht deinem höchsten Wohl entspricht. Wenn du jeden Morgen das Mantra: „ICH BIN geschützt im Silber-Violetten-Licht" rezitierst oder singst, dann wird sich dein Umfeld zu dem klaren und positiven Lebensraum wandeln, den du dir erwünscht.

Die bekannten Inkarnationen sind hinreichend bekannt. Doch lebte auch Saint Germain, genau wie jeder andere Aufgestiegene Meister, viele sogenannte unbedeutende Leben, in denen er an den vermeintlichen Kleinigkeiten lernte und wachsen konnte, die auch uns immer wieder begegnen. Die Aufgestiegenen Meister gingen ebenso wie du und ich heute ihren ganz persönlichen Weg mit allen Höhen und Tiefen. Saint Germain als „großer Bruder" des Aufstiegs ist für jeden Menschen da, der ihn um Hilfe anruft, den eigenen Aufstieg zu bewältigen. Das Einzige, was du tun musst ist, ihn zu rufen und seine Gegenwart wahrzunehmen.

Saint Germain war sicherlich der bekannteste Aufgestiegene Meister. Auch ist er der Meister, der uns zeigte, dass es möglich ist, in einem physischen Körper mehr als 350 Jahre zu leben und dabei vollkommene Meisterschaft zu erlangen.

Bei all diesen Inkarnationen, die ihn auch heute noch zu den berühmtesten Alten der Geschichte zählen lassen, ist ihm doch eines gelungen: in Liebe und Harmonie seinen Dienst an der Menschheit zu tun. Somit ist Saint Germain einer der wenigen, der trotz Reichtum und Berühmtheit seinen ganz persönlichen Weg in Selbstermächtigung und Freiheit ins Licht ging. Er hat nicht allem Weltlichen entsagt, sondern gelangte innerhalb der Königshäuser und Politik zum vollkommenen Aufstieg. Saint Germain ist ein Meister zum Anfassen. Ihm ist nichts Menschliches fremd, und er ist ein Freund der feinen Genüsse.

Saint Germain galt bereits zu seinen Lebzeiten als geheimnisvoller Mann, da er weder alterte noch starb. Sein Leben war davon geprägt, immer wieder zu verschwinden oder seinen Tod vorzutäuschen, um dann mit neuer Identität wieder aufzutauchen. Sein Leben schien unendlich, bis er schließlich als Graf Saint Germain seinen Tod vortäuschte und verschwand.

Saint Germain, der Meister der Sprachen, der alle europäischen Sprachen perfekt beherrschte, der Meister der Alchemie und Künste, ein wahrhaft wunderbarer Mensch und Gott, der uns auch nach seinem Aufstieg den Dienst anbot. In den Dreißiger Jahren schenkte er der Welt durch Geofrey King seine wunderbaren ICH BIN-LEHREN, die bis heute Gültigkeit haben und vielen Menschen den Weg in die Selbstermächtigung weisen. Er hat sich selbst der Erde und den Menschen für die Zeit des Wandels zum Geschenk gemacht und unterstützt jeden, der seinen Beitrag an der Schwingungserhöhung auf der Erde leisten möchte.

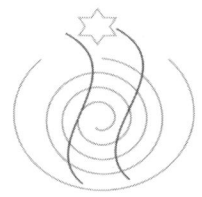

Wer ist SANANDA?

Sananda ist die gleiche Wesenheit, die uns als Jesus, der Christus, bekannt ist. Jesus (Yeshua) war der Taufname, der ihm auf dieser Erde von seinen irdischen Eltern gegeben wurde; ein damals sehr häufiger Vorname, unter dem er den meisten Menschen am bekanntesten und vertrautesten ist. Nun ist Jesus, der Christus, jedoch nicht beschränkt auf diese eine Inkarnation, wenn sie auch seine wichtigste und für die meisten Menschen die bekannteste ist und war.

Jeder Mensch hat einen geistigen Namen. So ist der geistige Name von Jesus, dem Träger des Christus, Sananda. Bedeutung nach dem Sanskrit: *Der Glückselige*, oder auch *Göttliche Glückseligkeit*.

Er ist der Lenker des sechsten Strahls, der Hingabe und Demut, den er jedoch mehr und mehr an Lady Nada übergeben hat, da Sananda weitere Aufgaben übernommen hat. Der sechste Strahl verfolgt das Ziel, das Denken der Menschen auf ein Ideal hinzulenken, zum Beispiel auf persönliche Opfer und Dienstleistungen; daher war die mystische Schau das hervorstechende Kennzeichen dieser Periode, wie das Erscheinen zahlreicher führender Mystiker im Westen und Osten zeigt (Zitat: Djwal Khul durch Alice Bailey).

Jesus Sananda ist unser liebevoller Bruder und uns in absoluter, bedingungsloser Liebe zugetan. Doch ihm zu folgen bedeutet, einen Lehrer zu haben, der auch Disziplin von seinen Schülern erwartet. Er ist auch heute noch dem Christusaspekt eng verbunden und arbeitet ständig daran, dieses Bewusstsein in die Herzen eines jeden Menschen zu bringen. Jesus Sananda hütet und betreut viele Schüler in unserer Dimension, die er gemeinsam mit Lady Nada in die bedingungslose, urteilsfreie Liebe und Lebensfreude leitet.

Seinen Aufstieg mit der Befreiung von allem Materiellen erreichte er als Jesus von Nazareth. In dieser Inkarnationen zeigte er ganz klar das Bild eines Heilers für die Menschheit, der frei von menschlichen Ängsten allen Menschen, Angriffen, Versuchungen und Widerständen zum Trotz seinen Weg ging.

Ancient-Master-Healing

Der erste Tag

Vorbereitung auf die Einweihung

Die Einweihungsvorbereitungen

Nun ist es an der Zeit, dass ihr zu zweit oder in einer kleinen Gruppe arbeitet, sofern du dich dazu entschlossen hast. Ich möchte noch einmal betonen, es ist nicht notwendig. Du kannst, wenn du magst, diese Erfahrung auch mit dir alleine und den Meistern erleben.

Wenn ihr zu zweit oder mehreren arbeitet, dann ist meine Empfehlung, dass ihr euch hierzu zwei Wochenenden reserviert, an denen ihr euch gegenseitig den heiligen Raum für die Einweihung bereitet und euch die Texte langsam und deutlich einander vorlest. Versuche, wenn du der Begleiter/die Begleiterin bist, die Energie der Meister zu spüren und zu transformieren. Die Meister werden dir dabei zur Seite stehen.

Zuerst werden am ersten Tag zur Vorbereitung die Meditationen und am nächsten Tag die Einweihung selbst durchgeführt. Dein/e Partner/in erfährt dies in gleicher Weise am nächsten Wochenende mit dir. Wenn du alleine bist und niemanden möchtest, der oder die dich begleitet, dann kannst du dir die Texte vorab auf Kassette sprechen. Du kannst aber auch gerne ein Seminar besuchen, wenn dir die Gruppenenergie lieber ist. Doch ist dies wirklich nicht notwendig, denn die Meister unterstützen dich in deiner Selbstarbeit, die dich zur Selbstermächtigung führt. Die Passagen, die nachgesprochen werden sollen, sind in Anführungszeichen, die Anleitungen kursiv in Klammern gesetzt.

Ich empfehle dir, eine sanfte Meditationsmusik aufzulegen. Musikempfehlungen findest du im Anhang. Lege dir Papier und Stift zurecht, damit du am Ende alles sofort aufschreiben kannst.

Es wäre sehr schön, wenn du dir das Ergänzungsset, bestehend aus *Ancient-Master-Healing*-Essenz, Diamant-Gold-Essenz und Salbungsöl (siehe Quellennachweis) besorgt hast, bevor du in die Einweihung gehst, wenn du sie nicht bereits mit dem Buch erworben hast. Diese von den Meistern selbst erstellten Unterstützungsessenzen vertiefen und festigen deine Einweihung.

Vielleicht schaust du auch auf die Fragen- und Antwortseiten im Internet oder stellst deine Fragen über das Forum, wenn du in einigen Dingen noch unsicher bist.

Bereite dein Umfeld auf die Heiligkeit deiner Erhebung sorgfältig vor. Sorge dafür, dass du weder durch Telefon, Haustürklingel, Haustiere oder Kinder gestört bist, damit du die Tiefe der Erfahrung voll und ganz genießen und integrieren kannst. Wenn möglich, halte diesen Zustand auch für den Abend aufrecht, damit sich deine Erfahrungen völlig integrieren können. Erschaffe dir in deinem Zuhause für die nächsten beiden Tage einen heiligen Tempel der Kraft und der heiligen Stille. Hierzu errichte dir einen kleinen Altar. Dies kann ein einfacher Tisch mit einem schönen Tuch sein, vor den du deinen Stuhl stellst. Stelle Kerzen auf, einen Edelstein und vielleicht ein schönes Energiebild.

Wenn du in deinem ganz normalen Alltagsumfeld die Einweihung erfährst, dann ist es gut, wenn du die Räume zuvor mit Salbei von allen Energien befreist, die eventuell hinderlich für dich sein könnten. Die Meister bringen eine starke Energie in deinen Lebensraum, doch du selbst kannst dich viel weiter öffnen, wenn die Energien in deinem Raum gereinigt und klar sind.

Arbeite dir bitte das Buch selbst durch, bevor du mit der Einweihung beginnst, damit du eventuelle Fragen vorher klären kannst. Hierzu findest du eine umfassende Frage- und Antwortseite unter www.ancient-healing.de, die ständig aktualisiert und erweitert wird. Hier gibt es ein Forum, in dem du deine Fragen stellen und bereits vorhandene Antworten finden kannst. Einmal monatlich findet ein Chat statt, in dem du in persönlichem Gespräch deine Fragen, die vor oder nach deiner Einweihung auftreten, besprechen kannst. Dies alles sind Wege, auf denen du dich mit anderen Menschen austauschen kannst, die den gleichen Weg gewählt haben wie du. Die Zugangsdaten erhältst du per Email von seelenweg@ancienthealing.de (siehe Anhang).

Das Diplom kannst du dir im geschützten Bereich des Forums auf einem schönen Karton ausdrucken.

Sei dir sicher, dass du dich der Person, die dich begleitet, auch mit deinen tiefsten Gefühlen zeigen kannst, damit du ganz dich selbst erfahren kannst. In den Meditationen, und besonders in der morgigen Einweihung, treten erfahrungsgemäß starke Gefühlsregungen auf. Damit du dich hier dir selbst völlig öffnen kannst, ist es wichtig, dass ihr einander völlig vertraut. Dies gilt sowohl für dich als auch für die Begleiterin. Stell dir daher immer eine Schachtel Kosmetiktücher oder Papiertaschentücher neben deinen Stuhl.

Wenn diese Vorbereitungen abgeschlossen sind, dann lege dir Papier und Stift zurecht, frisches Wasser und eine feuerfeste Schale.

Damit du frei in deine Einweihung gehen kannst, ist es jetzt notwendig, dass du zuerst eine energetische Vorbereitungsarbeit durchführst und dich bewusst von allem befreist, was dich noch in der alten Vergangenheit belastet hat und vielleicht bis heute noch nicht erlöst ist. Dazu schenkt uns Saint Germain die Gnade der violetten Flamme. Da *Ancient-Master-Healing* von unseren Schwestern und Brüdern Lady Nada, Sananda, Kwan Yin und Saint Germain mit Erlaubnis der vollendeten Synthese von Gott und Göttin der Erde zurückgegeben wurde, darf weder an der Einweihung noch am Ablauf etwas verändert werden. Eigene Kreativität ist prima, doch in diesen Energiebereichen kann sie schädigend sein.

Die erste Meditation, die dich tief einstimmt auf die Einweihung, ist eine Reinigungs-, Heilungs- und Erfahrungsmeditation, wer und was du in Wahrheit bist und was dein selbst gewählter Auftrag auf Erden ist. Es ist wichtig zu wissen, dass es nicht ausreicht, einfach ein Gefühl, oder was dich sonst belastet, an die violette Flamme zu übergeben. Die violette Flamme der Transformation ist die höchstschwingende Energie, die dich von allem befreien kann, was dein Weiterkommen auf deinem spirituellen Pfad behindert. Um wirklich frei in deine Einweihung zu gehen, ist es also notwendig, dass du zuerst eine Bilanz deines Lebens ziehst und dir klarmachst, wer der Mensch in deinem Leben ist, der oder die dir das Schlimmste angetan hat, an das du dich erinnern kannst, damit du diesem Menschen völlig vergeben kannst.

Auch die Weiße Schwestern- und Bruderschaft wird dir genau diese Frage stellen, bevor du als Schüler in die Gruppe aufgenommen wirst, um deinen Platz in ihren Reihen auf der Erde einzunehmen.

Die erste Meditation wird dir sodann bewusst machen, dass es Schuld im eigentlichen Sinne nicht gibt, sondern nur Vereinbarungen, die wir bereits vor der Inkarnation mit anderen Seelen getroffen haben, damit ein jeder auf den Weg kommt, den die Seele sich durch die Verkörperung wünscht. Du wirst bereits in der ersten Meditation eine tiefe Begegnung mit Lady Nada, Saint Germain und Sananda erfahren, die ihren Abschluss in deiner Heilerfahrung mit Sananda findet. Je tiefer du in dich selbst gehst, desto erlösender kann deine Befreiung sein und das heilende Bad im Wasser des Lebens dich auf allen Ebenen erquicken.

Für die Begleiterin, den Begleiter: Bitte lies die Texte langsam und deutlich mit sanfter Stimme vor. Fühle dich in deine/n Freund/in ein und lass ihr oder ihm die Pausen, die nötig sind. Folge hier deinem Gefühl, die Meister und Meisterinnen werden dich in allem unterstützen.

Die Passagen, in denen Anrufungen erfolgen, werden laut und deutlich vom Einzuweihenden nachgesprochen. In den Abschnitten, in denen es heißt: Sprich jetzt mit deinen Lieben, mit Sananda oder mit der Göttin etc., kannst du innerlich und still deinen Dialog führen.

So setze dich nun einen Augenblick ganz alleine, ohne Ablenkung, mit einem Blatt Papier hin und ziehe Bilanz, was dich bis heute von deiner wahren Größe abgehalten hat. Hierzu kannst du die Fragen auf dem folgenden Arbeitsblatt als Hilfe nutzen. Stelle dir eine feuerfeste Schale zurecht, in der du nach der Meditation dein Schreiben feierlich dem Feuerelement zur Transformation übergibst. Das Feuerelement ist das transformierendste Element, das wir materiell zur Verfügung haben, und die Hüter des Elements sind gerne bereit, deine Gefühle, die über deine Arme auf das Papier geflossen sind, in Licht und Liebe zu transformieren. Vielleicht kannst du sie sogar sehen, wenn du das Ritual des feierlichen Verbrennens durchführst.

Ich wünsche dir eine wundervolle Erfahrung mit der Meditation, die jetzt folgt.

Arbeitsbogen

Nimm dir jetzt ein wenig Zeit und überlege dir, spüre in dich hinein, wovon du im Leben wirklich frei sein möchtest. Was ist es, was dich immer noch oder immer wieder belastet? Dies können hartnäckige Verhaltensmuster sein, Situationen, die dir immer wieder begegnen.

Zum Beispiel: Immer, wenn du jemandem vertraust, fühlst du dich kurze Zeit später verraten, oder: Wenn jemand auf dich zukommt, um dich zu umarmen, machst du innerlich dicht, oder: Du fühlst dich nicht wertvoll genug, dass die Meister dir diese Aufmerksamkeit schenken etc.

Dieses Arbeitsblatt ist nur für dich allein. Du brauchst es deiner Begleiterin nicht zeigen. Nach der folgenden Meditation verbrenne dieses Blatt feierlich, wie oben beschrieben.

Hier einige Hilfestellungen für diese Arbeit.

- Was ist es, was sich wie ein roter Faden durch dein Leben zieht und dich belastet? Hierzu gehören zum Beispiel

- Hartnäckige Verhaltensmuster, die dich immer wieder einholen.

- Menschen, die dir immer wieder das Gleiche „antun".

- Was tun sie dir immer wieder an?

- Was ist dein hartnäckigstes Mangeldenken auf allen Ebenen: Nicht-wert-Sein, Geld ist schlecht, Männer/ Frauen sind schlecht etc.

- Situationen, die sich immer wiederholen.

- Menschen, die dir wehgetan haben, es immer noch tun und umgekehrt etc. – Womit?

- Wer ist der Mensch, der dich in deinem Leben am tiefsten verletzt hat, und was war dies?

- Wovor hast du am meisten Angst/Befürchtungen in diesem Leben?

- Was wäre das Schlimmste, was dir geschehen kann?

- Was fehlt dir am meisten in deinem Leben?

Die erste Einweihungsmeditation
Heilung auf allen Ebenen deines Seins

(Begleiter erkläre)

Bitte stehe mit geschlossenen Augen vor deinem Stuhl, bis ich dich bitte, dich zu setzen. Halte deine Augen die ganze Zeit geschlossen. Bleibe in dir und bei deinen Erfahrungen.

Die violette Flamme, die uns durch Meister Saint Germain geschenkt wird, löst deine Belastungen und Verhaltensmuster nicht auf, sondern verwandelt diese in Liebe, die dir und dem gesamten Planeten Erde zum Nutzen gereicht. Ich möchte dich bitten, mir laut nachzusprechen, wenn ich dich dazu auffordere. Im Anfang war das Wort, und das Wort war…! Aus dem Wort, dem Klang, ist Alles-was-ist entstanden. Das gesprochene Wort ist also sehr viel kraftvoller als der reine Gedanke. Der Gedanke ist Gott. Das Wort ist die Göttin. Das Ergebnis, das Kind, ist die Schöpfung.

Nun lass uns beginnen und sprich:
(Bitte lies langsam und deutlich in Absätzen, so dass dein/e Partner/in dir nachsprechen kann).

„Ich rufe Meister Saint Germain."

„Geliebter Meister Saint Germain, bitte erfülle diesen Raum mit deiner Gegenwart. Schenke mir die Kraft und die Heilung der violetten Flamme der Erneuerung und Transformation. Lass durch die Kraft der violetten Flamme meine Seele, meinen Körper und meinen Geist zur vollkommenen Göttlichkeit aufsteigen. Lass mich so zum Heiler der Neuen Zeit für die Menschheit, die Tierwelt und alle Reiche der Natur erwachen."

(Anweisung)
Wenn du die Gegenwart von Meister Saint German wahrnimmst, lege deine Hände auf dein Herz. Führe mit ihm ein kurzes Zwiegespräch des Kennenlernens.
(Wenn die Hände auf dem Herzen liegen, ist die Kontaktaufnahme für dich sichtbar.)

(Anweisung)
Und nun sprich mir weiter nach:

„Ich rufe die Hüterinnen und Hüter des Karmas an, alle Meister, alle Meisterinnen und Engel, die mit der violetten Flamme verbunden sind und sie uns zum Geschenk machen.
Erfüllt mir die Bitte, dass die violette Flamme der Transformation für alle Zeit mit mir ist. Geliebter Saint Germain, bitte lass die violette Flamme alles Unvollkommene in meinem Leben und in all meinen Körpern in reines Licht transformieren. Erlaube mir durch die Heilung meiner niederen Körper, dass auch mein physischer Körper von allem Unheiligen befreit wird."

Spüre nun, wie deinem Wunsch stattgegeben wird.

(*Sprich sanft, leise und deutlich weiter.*)
Lady Nada tritt nun zu dir. Betrachte sie und lass dich auch von ihrer Energie erreichen.
(*Warte ab, bis die Energie fühlbar und spürbar ist, und dann sprich weiter.*)
Lady Nada legt dir jetzt eine schimmernde ätherische Rose in dein Herz, die dein Herzzentrum erweitert und dich mit ihrer Entfaltung zu bedingungsloser Liebe führen kann.

Atme tief ein. Lausche, wie Nada jetzt zu dir spricht. Fülle dich mit Leichtigkeit, mit Lebenskraft, mit Sinnlichkeit und dem Bewusstsein deiner eigenen Göttlichkeit, die von Lady Nada kraftvoll direkt zu dir fließt und dein ganzes Wesen erfüllt.

Stehe aufrecht und sprich:

„Ich rufe die violette Flamme der Erneuerung. Bitte erstrahle und überstrahle diesen Raum, in dem wir uns befinden. Heilige und verwandle alles in das strahlende Licht der Vollkommenheit."

Erhebe deine Hände nach oben zu den Hütern des Karmas und bitte sie, dich durch dein ICH BIN, durch deine Seele, mit der violetten Flamme zu erfüllen. Spüre, wie deine Handchakren aktiviert und aufgeladen werden. Spüre, wie die Kraft aus deinen Händen fließt und nach außen strömt.

Und sprich weiter:

„Im Namen meines ICH BIN, das von Ewigkeit zu Ewigkeit in der Quelle verankert ist, rufe ich die Hüterinnen und Hüter des Karmas an. Bitte erlaubt mir, mich von allem zu befreien, was nicht dem Wunsch meiner vollkommenen Seele in meinem Leben entspricht.

Violette Flamme, heile alles in mir und lass mich zurückkehren in die Vollkommenheit meiner Göttlichkeit, die ich in Wahrheit bin."

Saint Germain tritt wieder zu dir. Er berührt deine Hände. Spüre, wie er dir jetzt die violette Flamme überreicht. Nimm sie zwischen deine Hände, so, als ob du sie zum Gebet aneinanderlegst, und verankere die violette Flamme in deinen Handchakren.

Nun legt Saint Germain eine weitere violette Flamme zwischen deine Füße. Spüre, wie die Flamme größer und größer wird, wie sie höher und höher steigt. Spüre, wie sie dich durchdringt, aus deinen Poren wieder herausströmt, wie sie dich ganz und gar einhüllt und umhüllt. Atme tief. Lass das heilende violette Licht aus deinem Herzzentrum über deine Arme in deine Handflächen fließen und … spüre hinein in deinen physischen Körper.

Fühle die Orte in deinem physischen Körper, an denen Verspannungen, Schmerzen oder gar Krankheitssymptome sitzen. Lege deine Hände auf jede dieser Stellen und lass die Kraft der violetten Flamme in sie fließen. Atme dabei ganz flach. Dann ziehe mit einem tiefen Ausatmen die Dunkelheit heraus. Stell dir das Herausziehen ganz genau vor. Bei jedem Herausziehen der angesammelten negativen Energie atme tief aus und schüttele dabei deine Hände unterhalb deiner Hüften aus. Übergib die freigesetzte Energie direkt an die violette Flamme, die in diesem Raum schimmert und sprich dabei.

„Die violette Flamme in meinen Händen heilt JETZT meinen physischen Körper und all meine niederen Körper von allem, was nicht meiner wahren, ursprünglichen Göttlichkeit entspricht.

Ich danke für die Gnade der Heilung in mir! Ich danke, dass es geschehen ist."

Spüre in deinen ganzen Körper hinein und fühle die Erleichterung, die Heilung und die Klarheit, die sich jetzt in dir ausbreiten. Wenn du dies spürst, dann atme tief ein und aus. Danke für die Heilung in dir und fühle den Schutz, den Saint Germain dir durch die violette Flamme schenkt.

Jetzt setze dich mit geschlossenen Augen auf deinen Stuhl.

Schaue in das strahlende Licht der violetten Flamme um dich herum. Die Flamme ist jetzt durchzogen von feinen Silberfäden. Du bist umgeben und durchdrungen von der violetten Flamme.

Erinnere dich deiner zuvor aufgezeichneten Dinge und Situationen, die dich belasteten und dein spirituelles Wachstum beeinträchtigten. Erinnere dich all der Menschen, die karmisch mit dir verbunden sind, all der Menschen, denen du Schmerz zugefügt hast und die dich verletzt haben.

Schaue dir die dazu passenden Situationen an und lass auch deine Gefühle einfach kommen und gehen, so, wie du es fühlst.

Lass all deine vergangenen Erfahrungen jetzt ganz ruhig in den Kreis der violettem Transformationsflamme gehen, indem du sie von deinem Herzen in das violette Licht hineinatmest. Jede Situation verlässt mit einem tiefen Ausatmen den Bereich deines Herzzentrums und wird in der violetten Flamme in reine Liebe transformiert, die jetzt als magentafarbene Liebesenergie zu dir zurückkehrt und den Bereich deines Herzzentrums heilt.

Befreie dich hier und jetzt von all deinen Schmerzen und den damit verbundenen Verletzungen. Bitte mit all der Liebe, die dir möglich ist, Meister Saint Germain, die violette Transformationsflamme für dich aktiv zu halten und dich von allem zu befreien, was nicht zu deinem wahren, vollkommen göttlichen Selbst gehört. Bitte darum, dass dir nur die positive Erfahrung der Erlebnisse verbleibt, damit sie dir und den beteiligten Menschen in deinem Leben zum spirituellen Wohle gereicht.

Schau in das Licht und nimm wahr, wie sich alles im Licht der violetten Flamme verwandelt und wie Phönix aus der Asche in Liebe neu erwacht. Nimm noch einmal die Kraft der violetten Flamme ganz tief in dein Herz hinein. Atme die violette Flamme durch dein ganzes Sein und erfülle dich mit der positiven Kraft der Transformation. Bestätige nun laut:

„ICH BIN die violette Flamme in der wahren Kraft meiner Göttlichkeit!

Ich bitte aus reinem Herzen, dass alle negativen Verbindungen zwischen mir und allen Menschen und Situationen meiner Leben durch die Gnade des einen wahren Schöpfer-Gottes, die vollkommene Synthese von männlicher und weiblicher Schöpferkraft und der Kraft der violetten Flamme vollkommen erlöst und geheilt werden. So darf ich ab heute die bedingungslose Liebe sein und leben, nach der ich mich sehne und die ich in Wahrheit bin.

Geliebter Saint Germain. Ich danke für die Gnade der violetten Flamme, für meine heutige Befreiung und für das neue Empfinden der urteilsfreien Liebe, die ich in Wahrheit bin hinter all den Illusionen dieser Dimension."

Atme tief und spüre dich als das, was du wirklich bist.
(Pause)

Lady Nada und Saint Germain treten jetzt an deine Seite. Atme ihre Energie der Liebe in dich ein. Sie nehmen dich jeder an eine Hand. Und zwischen diesen beiden großen, wundervollen Seelen spürst du, wie du emporgehoben wirst. Spürst du, wie du leicht und beschwingt wirst. Spürst du, wie du von deinem Stuhl emporschwebst, höher und höher und immer höher hinauf – hinaus in das Universum.

Lady Nada erklärt dir, dass du jetzt die einmalige Gelegenheit bekommst zu erkennen, dass es nur Liebe gibt, und du erfahren darfst, was bedingungslose Liebe wirklich ist. Sie lacht dir zu und an ihrer Hand und der von St. Germain schwebst du durch das Universum.

Schaue dich um hier in den Weiten der Welten und spüre, wie du schwebst, gehalten und geliebt von den beiden wunderbaren Aufgestiegenen Meistern, die dir nur Liebe entgegenbringen.

Schau dich um. Betrachte dir das Universum, die Galaxien, die Planeten, und in der Ferne erkennst du einen Lichtpunkt, der dein Herz ganz tief berührt, und du spürst tief in dir…

Du darfst nach Hause gehen. Du darfst zu dem Ort der Liebe, an dem du immer schon sein wolltest, wenn du es auf der Erde nicht mehr auszuhalten schienst. Du kehrst zurück an den wunderbaren Ort, der deine wahre Heimat ist. Saint Germain lächelt dir bestätigend zu, und ein tiefes Glücksgefühl breitet sich in dir aus. Ja, lass auch ein Lächeln auf deinen Lippen erscheinen, denn du kommst gleich zu dem Ort, an dem deine Seele sich zu Hause fühlt, denn der eben noch winzige Punkt in der Ferne wird größer und größer.

Der eben noch ferne winzige Planet kommt näher und näher, und nun kannst du bereits die Farben deines Planeten erkennen. Betrachte dir die Farben und fühle, wie du von Saint Germain und Lady Nada in bedingungsloser Liebe in deine wahre Heimat getragen wirst.

Und noch näher kommt ihr deiner Heimat. Nun kannst du bereits unter dir die Landschaft erkennen. Betrachte dir alles ganz genau. Die Landschaft – wie sieht sie aus?
Die Farben, die Pflanzen, betrachte dir genau das Zuhause, das deine Seele vor ewigen Zeiten erschaffen hat, während du näher und näher der Oberfläche entgegenschwebst.

Ganz nah ist die Oberfläche bereits, und du erkennst Wesen, die menschlich aussehen und wie kleine Ameisen auf einem großen Platz stehen.

Und während ihr weiter hinunterschwebt, erkennst du jetzt bereits einzelne Gesichter, die dir freudig entgegenlächeln. Ja, so lange haben sie auf deine Rückkehr gewartet, und du hast ebenso lange gewartet, deine wahre Seelenfamilie wiederzufinden. Und hier stehen sie und schauen dir erwartungs- und freudvoll entgegen, und du fühlst in deinem Herzen: Alles Sehnen hat ein Ende.

Und JETZT betrittst du endlich wieder die Oberfläche deiner Heimat.

Was fühlst du?

Einige kommen mit weit geöffneten Armen und strahlendem Lächeln auf dich zu. Freue dich. Fühle, wie sehr du geliebt bist. Und während Lady Nada und St. Germain deine Hände jetzt loslassen, wirst du von diesen wundervollen Wesen in die Arme geschlossen und gewiegt.

Ja, lass dich wiegen hier auf deinem Stuhl so, wie du jetzt gerade zu Hause gewiegt wirst.

Eine friedliche und liebevolle Atmosphäre bestimmt den Raum, in dem du dich befindest, und du erkennst dies als deine Grundatmosphäre wieder, die du leider auf Erden immer wieder verloren hattest. Doch nun bist du angekommen. Du bist endlich wieder zu Hause in dir.

Sanft wirst du aus den Armen entlassen und schaust jetzt ganz entspannt in die freudigen Gesichter deiner Lieben. Ja, redet miteinander. Lass dir erzählen, was während deiner Abwesenheit geschehen ist.

Nun treten alle zur Seite. Eine schmale Gasse bildet sich zwischen deinen Lieben. Am Ende der Gasse erkennst du eine ehrwürdige Gestalt in langem Gewand, die sich dir nähert. Auch er oder sie trägt dieses wundervolle

Lächeln und kommt mit geöffneten Armen auf dich zu. Du erkennst deine alte Lehrerin, deinen alten Lehrer.

Ja, lass dich in die Arme schließen und freue dich an der Wiederbegegnung.
(Pause)

Jetzt ist Zeit zu reden, und du erfährst, wie lange du bereits fort bist von diesem wundervollen Ort. Du schaust dich um und erkennst Wesen wieder, die Inkarnationen auf der Erde mit dir geteilt haben, oder vielleicht auch jetzt gerade zurzeit mit dir auf der Erde weilen.

Nun frage deine Freunde, warum du dich entschlossen hast, auf die Erde zu gehen und dort eine Zeit zu verbringen. Was war der Grund? Was hat dich so fasziniert an dem blauen Planeten im All, dass du diese wunderbare Sphäre der allumfassenden Liebe verlassen hast?

Was hat dich so sehr daran fasziniert, in einem physischen Körper gefangen und versteckt zu sein, dass du deine Heimat verlassen hast? *(Pause)*

Und jetzt frage, wenn du dich nicht bereits selbst erinnerst:

Was wollte ich auf der Erde lernen?
(Pause)

Was wollte ich der Erde und den Wesen auf der Erde schenken mit meinem Abstieg in die Dichte dieser wundervollen Welt?
(Pause)

Was sollte die Erde mir dafür zurückgeben? *(Pause)*

Lausche all den Antworten und finde deine wahre Aufgabe, die du dir selbst gestellt hast, wieder hier an deinem Ausgangspunkt. *(Pause)*

Lady Nada tritt nun auf dich zu und bittet dich, ihr zu folgen. Du erhebst dich und gehst auf einen wundervollen Tempel zu. Betrachte dir diesen Tempel der Wahrheit und Weisheit. Ein Tempel, der herrlicher ist als alles, was du je auf Erden gesehen hast. Betrachte dir das wundervolle Portal, ... das sich JETZT öffnet.

Ein wunderbares aufgestiegenes Wesen steht in der Tür, und du erkennst Sananda, den Träger der urteilsfreien allumfassenden Liebe, der dich hier in Liebe empfängt. Lass dich auch von Sananda in die Arme schließen und genieße die Berührung des Christus-Selbst.

Sananda nimmt dich sanft an die Hand und führt dich in die Halle der Vereinbarungen. Und hier, in dieser Halle, erkennst du all die Seelen, mit denen du auf Erden dein Leben teilst. Hier sitzen all die Menschen, die dich verletzt haben, und die du verletzt hast.

Sananda erklärt dir, dass du hier und jetzt die wundervolle Gelegenheit erhältst, dich zu erinnern, wer du wirklich bist, und dich daran zu erinnern, welche Vereinbarungen ihr gemeinsam getroffen habt, bevor ihr in diese Inkarnation auf der Erde gestartet seid.

Betrachte dir all die Menschen, die hier anwesend sind. Deine Eltern, deine Freunde, deine Partner, deine Kinder, deine vermeintlichen Feinde. Hier sind alle, die dich lieben und weniger lieben so, wie du es auch tust.

Sananda nimmt wieder deine Hand und führt dich zu einem wundervollen Spiegel, der in einer Ecke des Saales steht. Es ist ein riesiger, runder Standspiegel. Du stehst vor dem Spiegel und siehst dein weltliches Gesicht, deine weltliche Gestalt. Sananda bittet dich, in diesen Spiegel hineinzuschauen und dich selbst zu erkennen als das, was du wirklich bist. Er bittet dich, dich so zu sehen, wie deine Seele dich gewollt hat.

Und während er noch spricht, verschwimmt der Hintergrund im Nebel, und du erkennst nur noch dich selbst in diesem Spiegel.

Und es geschieht ein Wunder, denn du siehst, wie du jünger und jünger, schöner und schöner wirst, während die Zeiten deiner Inkarnationen in deinem Hintergrund an dir vorüberrauschen. Dein Gesicht verändert sich, deine Haare und deine Gestalt verändern sich in das wundervolle Wesen deines Hohen Selbst, das du wirklich bist.

Ja, lass es dich jetzt wirklich erfahren. Deine göttliche Seele hat deinen Körper erschaffen, und du erkennst dich wie in einem Zauberspiegel. Du bist wunderschön. Du trägst zwar deine Gesichtszüge, doch alles, was diese bisher verhärtet hat, ist verschwunden. Du bist nur noch DU als die Göttin, der Gott, die/der du in Wahrheit bist. Versinke ganz in deinen Anblick und freue dich an deiner Schönheit. Das bist du. Das bist wirklich du: du in der vollendeten Gestalt deiner Seele. Das bist du als das reine Abbild deiner Seele, voller Liebe und Sanftheit. Erst jetzt erkennst du, wie wunderbar du in Wahrheit bist. Erlaube dir, die Schönheit deiner Seele in dir zu erkennen. Wann immer du dich so visualisieren wirst, wird es dir nur noch möglich sein, dich selbst zu lieben als den vollkommenen Ausdruck deiner Seele. Präge dir dein Bild der Vollkommenheit genau ein.
(Pause)

Sananda ist nun wieder ganz präsent neben dir und strahlt dir freudvoll im Spiegel entgegen. Er nimmt deine Hand und führt dich liebevoll zurück zu den anderen, die deine wunderbare Verwandlung voller Staunen miterlebt haben. Sie schauen dir liebe- und respektvoll entgegen. Denn hier, an diesem wunderbaren Ortm, gibt es keine Schuld, keine Scham, kein Hadern und keinen Zorn.

Jetzt setzt euch zusammen. Frage die wichtigsten Menschen in deinem Leben, was ihr vor eurer Inkarnation miteinander vereinbart habt. Auf welche Weise wolltet ihr euch gegenseitig Schmerzvolles oder Schönes zufügen, damit du – damit ihr – wachsen könnt?

Wir treffen uns vor jeder Inkarnation in diesen Räumen und vereinbaren, wer welche Rolle zu spielen hat, damit wir die physische Realität in Wachstum erfahren dürfen. Wir treffen die Wahl, wer von uns Täter und wer Opfer ist, damit die Seele ihrem Weg folgen kann, wenn sie sich verirrt im Dschungel der Dritten Dimension.

Frage sie, warum sie dir angetan haben, was sie dir angetan haben? Was wollten sie dich in Wahrheit lehren? Wozu hat jeder Einzelne sich bereit erklärt, sein eigenes Licht zu verdunkeln, damit du auf deinen Weg zurückfindest? Sie werden es dir hier an diesem Ort der Orte erzählen.

Frage jetzt die drei wichtigsten Menschen in deinem Leben.
(Pause)

Und nun schaue dir die Menschen an, denen du Schmerz zugefügt hast. Erkläre auch ihnen, was du sie durch dein Verhalten lehren solltest. Wozu hast du selbst dich bereit erklärt, dein eigenes Licht zu verdunkeln, damit dieser Mensch auf seinen Weg zurückfindet?
(Pause)

Komm nun zum Abschluss und verabschiede dich. Wisse, dass diese Menschen sich in ihrem täglichen Leben nicht mehr an dieses Beisammensein erinnern werden, denn sie wissen in ihrem Tagesbewusstsein nicht, dass ihre Seele einen kleinen Ausflug nach Hause unternommen hat, um dich hier und heute zu dir selbst zu führen.

Mache dir keine Sorgen, wenn du noch Menschen hier hast, mit denen du deine Klärung noch nicht erfahren durftest, dann wirst du das heute Abend und heute Nacht nachholen.

Verabschiede dich und winke ihnen nach, wenn sie jetzt nacheinander diesen wundervollen Raum verlassen. Und du bist nun ganz allein mit Sananda an diesem wundervollen Ort der Liebe.

Sananda nimmt dich wieder an die Hand und führt dich in einen Nebenraum. Du erkennst eine wunderbare, riesige Schale in der Mitte des Raumes, die angefüllt ist mit goldenem Wasser.

Er bittet dich, in dieses Wasser zu steigen und dich hineinzulegen. Du folgst seiner Aufforderung und spürst, dass du in diesem wunderbaren, heilenden Wasser schwebst. Ein kleiner Wasserfall perlt an deiner Seite. Und es ist, als würden Millionen kleiner Perlen dich im Wasser halten. Atme tief und spüre dieses heilsame Bad. Spüre, wie dieses goldene Wasser deine Poren durchdringt und dich auch innerlich durchspült und heilt.

Sananda tritt an deine Seite zu dir in das goldene Wasser des Lebens. Du liegst schwebend im Wasser und spürst doch seine Hände, die heilende Energie ausstrahlen. Eine seiner Hände schwebt unter deinem Körper, und die andere schwebt über deinem Körper. Das goldene Wasser durchdringt jede Zelle, jedes Atom und Elektron deiner vier niederen Körper, und die Heilkraft aus Sanandas Händen lässt jede Zelle deines Körpers sich harmonisch erneuern.

Genieße das heilende Bad deiner Organe, deines inneren und äußeren Körpers und deiner Seele.
(Pause)

Sananda bittet dich nun, das Bad zu verlassen, denn es ist Zeit, dass du wieder zu deinen Freunden auf den Vorplatz hinausgehst. Du verlässt das goldene Wasser und spürst, dass deine Kleider immer noch trocken sind. Doch du bist erfrischt und erquickt wie ein junger Morgen im Mai.

Du verlässt an Sanandas Seite die Räume und verabschiedest dich für den Augenblick von ihm. Nun kehrst du wieder zu den anderen lieben Freunden zurück.

Und auch hier wirst du wieder voller Freude empfangen. Erinnere dich der Erfahrungen und Erzählungen, die du mitnehmen wirst, warum du dich zur Erde begeben hast. Was wolltest du auf der Erde lernen, und was wolltest du der Erde und den Menschen auf der Erde zum Geschenk machen?

Was ist deine wahre, dir selbst gestellte Aufgabe auf Erden?
Was ist es, was du lernen wolltest, als du dich erstmals auf die Erde begabst?

Nun stellen sich all deine Freunde eng umschlungen in einem Kreis auf. Sie bitten dich hinzu, und du gliederst dich ein. Wundervolle Musik erklingt, und während ihr euch in diesem Kreis sanft wiegt, lauscht jeder in sich hinein, und auch du lauscht tief in dich hinein und findest tief in dir deinen dir ganz eigenen Klang: den Klang deiner Seele. Lass diesen Klang aufsteigen aus den Tiefen deines Seins. Lass ihn höher und höher steigen, bis er deine Lippen erreicht.

Du spürst jetzt, dass die anderen um dich herum ihren Seelenton über die Lippen fließen lassen und dich bitten, auch deinen Seelenton hinzuzufügen. Du lässt jetzt ganz sanft und zart deinen ganz eigenen, ganz persönlichen Klang über deine Lippen fließen. Es entsteht ein harmonischer Ton, der das ganze Universum erfüllt. Singe deinen Ton, übe deinen Ton, genieße deinen Ton und behalte dir deinen Ton, denn du wirst genau diesen Ton noch lange, lange Zeit zur Heilung deines Selbst und zur Heilung anderer immer wieder aktivieren.
(Pause)

Nun lass die Arme der anderen los, denn es ist an der Zeit, für heute Abschied zu nehmen. Dein Lehrer kommt auf dich zu und fragt dich, was du am meisten vermisst in deinem Leben. Welcher Teil deiner Seele ist es, der dir am meisten fehlt? Ist es die Freude, die Liebe, die Leichtigkeit? Welcher Teil deiner Seele fehlt in deinem Leben am meisten?

Du antwortest JETZT.

Und ein Strahlen breitet sich auf seinem oder ihrem Gesicht aus. Ein Wesen kommt auf dich zu, und genau dieser Seelenanteil steht jetzt von dir, der sich vor langer Zeit, in Zeiten der Qual, von dir abgespalten hat. Diese Wesenheit, die du bist, steht jetzt neben deinem Lehrer. Betrachte dir diesen Seelenanteil und höre, wie dieser dich fragt, ob er wieder ein Teil deines Lebens sein soll.

Antworte JETZT.

Und so nehmt ihr einander in die Arme, und während ihr euch umarmt, verschmelzt ihr und werdet zu einem Ganzen. Atme tief die wunderbare Luft ein und spüre die neue Integration in dir. Wisse, dass dieser Teil von dir nun wieder zu dir und deinem Leben gehört. Gewähre diesem Teil, der dir so sehr fehlte, mehr und mehr Raum in deinem neuen Leben, damit die Freude, die Leichtigkeit und die Liebe zu deiner wahren Natur auf Erden werden.

Saint Germain und Lady Nada treten zu dir und bitten dich, für den Augenblick Abschied zu nehmen. Jetzt, da du weißt, was deine selbst gewählte Aufgabe auf Erden ist, jetzt, da du weißt, dass sowohl du als auch alle Menschen um dich herum nur aus tiefer Seelenliebe handeln, selbst wenn es ihnen nicht bewusst ist, freust du dich vielleicht sogar auf die Heimkehr in dein selbst gewähltes Leben auf der Erde.

Saint Germain und Lady Nada nehmen dich jetzt wieder an die Hand und schweben mit dir empor. Du schaust in die lächelnden Gesichter unter dir, bis sie deinem Blick entschwinden. Die Rückkehr durch das Universum ist grandios. Du erkennst die Planeten, die Galaxien und die Sonnen deines Universums.

Nun habt ihr bereits die Erde vor Augen. Betrachte dir diesen wundervollen blauen Planeten und lass dich wieder die Liebe spüren, die du vor langer, langer Zeit beim ersten Anblick dieses Juwels im Universum empfunden hast.

Die Erde kommt näher und näher. Schon erkennst du die Kontinente, und nun liegt Europa unter euch.

Du schwebst über deinem Heimatland und bist nun direkt über deinem Heimatort, direkt über diesem Raum, in dem dein Körper geschützt sitzt und auf dich wartet. Jetzt lassen Saint Germain und Lady Nada dich ganz sanft auf deinem Stuhl nieder und treten hinter dich.

Genieße dieses himmlische Gefühl zu wissen, dass alles, was dich bisher davon abhielt, deine wahre Gottwirklichkeit zu erkennen und zu leben, dich jetzt und für alle Zeit verlassen hat.

Und du erkennst den Kreis der violetten Flamme, die immer noch hier im Raum lebendig ist. Die heilige Essenz der violetten Flamme und des soeben Erlebten erfüllen dein ganzes Herz. Lass das heilende Licht deiner Heimat und deines neuen Bewusstseins nun, von deinem Herzen ausgehend, in den Raum hineinfließen.

Erfülle mit diesem Licht den ganzen Raum mit der vollen Kraft der Gnade, Verwandlung, Mitgefühl, Vergebung, Gerechtigkeit und Freiheit. Die violette Flamme heilt und heiligt alles, jede Erfahrung und jeden Menschen innerhalb deiner Leben. Die Flamme erstrahlt und umhüllt alles und jeden. Die heilige Flamme verwandelt und verbrennt die negativen, karmischen Verbindungen zwischen euch und transformiert alle belastenden Beziehungen in die reine Liebe der Seele.

Atme tief und fühle, wie die violette Flamme, die jetzt von Saint Germain mit Silber verstärkt wird, dich und alle mit dir verbundenen Menschen, Situationen und Ereignisse von jeglicher negativen Energie befreit. Fühle, atme und spüre, wie du und alle anderen Menschen hier im Bereich der silber-violetten Flamme frei werden.

Du hast jetzt erfahren, dass Gott und Göttin dich lieben, dass sie dir die Gnade der Befreiung deines Selbst zu jeder Zeit schenken. Gott und Göttin haben dir nichts zu vergeben, weil sie keine Erwartungen an dein Sein stellen. Erwartungen sind nur Schein dieser Welt. Betrachte dir noch einmal kurz, wo du selbst dich immer noch verurteilst. Übergib all diese Selbstzweifel, diese Missachtung deiner selbst, nun an das violette Feuer. Nun ist es Zeit, dir selbst zu verzeihen. Darum lege deine Hände auf dein Herz. Du kannst auch die Arme um dich selbst legen und dich selbst umarmen. Dann bestätige laut.

„ICH vergebe MIR! Ich habe die Kraft meiner Seele erfahren. Ich sah meine Schönheit und meine Vollkommenheit, die ich unter allen Illusionen dieser Dimension in Wahrheit bin. Ich liebe mich von heute an urteilsfrei und göttlich. Und sollte ich dies dennoch im Trubel des Alltags vergessen, dann habe ich die Kraft und die Selbstliebe, mir jederzeit wieder zu verzeihen."

Kehre nun mit deiner Aufmerksamkeit wieder in deine Gegenwart zurück. Wenn du magst, dann sage noch still ein paar persönliche Worte des Dankes und der Wertschätzung an Lady Nada und Saint Germain.

Werde dir nun deines Körpers bewusst, atme tief ein und öffne deine Augen beim Ausatmen.

Nimm dir deine Schreibutensilien und schreibe dir sofort auf, was du in den höheren Sphären erfahren und erlebt hast.

Nun begib dich an deinen Platz mit deiner Feuerschale. Zünde feierlich deine aufgezeichneten Belastungen an, lege das Blatt Papier in die Schale. Bitte die Wesen des Feuerelemente hinzu und übergib ihnen deine vergangenen Belastungen mit den Worten: „Ich bin frei in meiner Göttlichkeit."

☆☆☆

Da du in dieser Meditation wahrscheinlich nicht mit allen Menschen eine Klärung erfahren konntest, nutze bitte den Abend und die Nacht, um mit allen anderen Menschen in deinem Leben in Frieden zu kommen. Gehe zurück in die heiligen Hallen und frage jeden Einzelnen, was sein Handeln dich lehren sollte.

Morgen in der Einweihung werden die Meister dich fragen, ob du erkannt hast, was das Verhalten des Menschen, der dich am tiefsten verletzt hat, dich lehren wollte.
Und nun, wenn du magst, begib dich nach einer Pause und einem Gespräch mit deiner Begleiterin oder deinem Begleiter in die nächste Meditation, in der du der Göttin selbst begegnest.

Die zweite Einweihungsmeditation
Versöhnung mit Gott Mutter

Die Zeit der Göttin ist gekommen. Es ist wichtig, dass Mutter Gott in dieser Zeit der Dunkelheit endlich wieder integriert wird. Der wahre Gott ist die vollkommene Synthese von Mutter Gott und Vater Gott, die nichts als Liebe ist. Es ist die vereinigte Liebe, die deine Vollkommenheit ausmacht.

Nun schließe deine Augen. Setze dich gerade hin und lass deinen Atem fließen. Einfach fließen lassen.

Erinnere dich all der Dinge, die du über Gott weißt, über Gott denkst. Gott in allen Religionen dieser Welt. Wer ist dieser Gott?
(Pause)

Nun spüre in dich hinein. Ist da nicht etwas, was dir immer schon fehlte, wenn du nur das Wort Gott gedacht hast? Ist da nicht die warme Seite, die weibliche Seite der Schöpfung, die du, seit du denken kannst, vermisst hast? Es ist die Göttin, die tief in deinem Inneren lebt, sich in jeder deiner Zellen an sich selbst erinnert.

Dies ist der Teil der göttlichen Synthese, die sich durch jedes weibliche Wesen, und besonders in den Frauen auf dieser Erde, selbst repräsentiert, genauso, wie Gott Vater sich in jedem männlichen Körper repräsentiert. Gott Mutter ist aber auch der Teil, der in allen Menschen, in jeder Frau und in jedem Mann, wieder zum Leben erweckt werden möchte. Nur in der vollkommenen Integration der Göttin in deinem Leben kann die Liebe wieder Einzug halten.

Auf dieser Reise, die wir gleich beginnen, geht es darum, dass du Gott Mutter in dir selbst zum Klingen bringst und dich innig mit ihr verbindest. Lass Mutter Gott und all die anderen Göttinnen, die dir begegnen werden, vor deinem inneren Auge entstehen. Nimm einfach das allererste Bild, das sich erschließt.

Und wenn du soweit bist, dann sprich mit mir gemeinsam:

„Ich rufe die Große Göttin, Gott Mutter, an, die Aufgestiegenen Meisterinnen, alle weiblichen Engel und Erzengel, die die weibliche Kraft in der Schöpfung sind. Bitte steigt herab zu mir und nehmt mich mit in eure Energie."

Lass dich atmen. Ein zarter Duft der Weiblichkeit, wie von Rosen und Jasmin, der sich dir ganz individuell erschließt, erfüllt diesen Raum. Nimm wahr, was du tief in dir fühlst, an dem Ort der Kraft in dir, an dem die Göttin – Mutter Gott – verborgen in dir ruht.

Lass dich sanft von der weiblichen Kraft in die Dimensionen, in denen Mutter Gott in unser aller Zuhause auf dich wartet, führen. Öffne dich für die wahre Kraft der Großen Mutter.

Atme und nimm nun wahr, wie sich in der Mitte des Raumes ein herrlicher Trhon manifestiert. Du besteigst diesen Thron und spürst, wie Lady Kwan Yin und Lady Nada neben dich treten. Fühle ihre sanfte und doch so kraftvolle Gegenwart. Fühle ihre Wärme. Fühle ihre Präsenz.

Du nimmst wahr, wie du jetzt sanft und sicher liebend emporgehoben wirst. Lady Nada und Kwan Yin verleihen deinem Thron Flügel, auf denen du diesen Raum verlässt, und sanft, auf deinem Thron sitzend, durchstreifst du das Universum. Du kommst vorbei an der Mondin, die dir liebend zulächelt. Nimm die Wesenheit des Erdtrabanten wahr, die du bisher als Mond kanntest. Und es ist wahr: Eine Göttin gibt dem Mond das Leben. Lass dich erreichen und begleiten vom Gesang der Mondengöttin.

Die männlichen Wesenheiten der Planeten lächeln dir entgegen und treten leise in den Hintergrund. Nun erreichst du die Venus. Betrachte dir die wunderbare Göttin der Venus. Sieh sie in ihrer allliebenden Pracht in den Konturen des Planeten. Sieh, wie sie dir ihre Hand entgegenstreckt. Höre das Flüstern der Venus und lausche ihren Worten.

Nimm wahr und fühle, wie du weiter das Universum durchschwebst. Spüre, wie du alle Begrenzungen hinter dir lässt, und nun … zum wahren Ursprung deines Seins getragen wirst. Denn Alles-was-ist entstand aus Gott Mutter. Nichts, was Gott Vater sich wünscht, kann entstehen ohne Gott Mutter. Es ist wie im Kleinen, so im Großen, wie oben, so unten. So, wie auf Erden ohne Frau kein männlicher Same sich entwickeln kann, so kann die Schöpfung ohne Gott Mutter nicht entstehen. Gott entwirft mit seinem schöpferischen Denken, und Gott Mutter erschafft mit ihrer schöpferischen Macht.

Dein wunderbarer Thron in den Händen von Lady Nada und Kwan Yin durchstreift weiter das Universum zum Pol der Ewigkeit. Bis zur Quelle der wahren weiblichen Göttlichkeit wirst du jetzt getragen. Lausche auf die absolute Stille und erfahre die alles umfassende Liebe, die dich in jeder deiner Zellen durchdringt, die dich eins fühlen lässt mit Allem-was-ist. Lausche dem Ein- und Ausatmen des vollkommenen Universums des Friedens.

Sanfte Musik erklingt aus der Ferne, die dein Sein umschließt und sich mit deinem Seelenton harmonisch vereint und ihn in dir verstärkt. Lausche den Klängen und erfahre es: Du wirst nun von einer irisierenden, weißgoldenen Strahlung eingehüllt und in einen Zustand der Glückseligkeit entrückt. Dieses irisierend schimmernde Licht durchdringt jeden Teil deines Wesens, deines Geistes und deiner Seele. Atme dieses Licht tief ein und erfülle dich mit neuem Leben.

Du lauschst dem wundervollen Klang in der Ferne und näherst dich deiner wahren Quelle der Kraft. Du kannst die Kraft der Großen Mutter allen Lebens schon spüren, die du vielleicht in Erinnerung an deine Heimat in deiner Mutter auf Erden so oft vergeblich gesucht hast. Du spürst es jetzt. Gleich wirst du ihr begegnen, denn ihre Präsenz wird von Augenblick zu Augenblick kraftvoller in dir. Je näher du der kraftvollen Energie kommst, desto ätherischer, kraftvoller, göttlicher und angenommener fühlst du dich selbst. Ja, lass dich atmen. Atme die kraftvolle Energie der Göttin ein, die JETZT auf dich zukommt. Es ist die gleiche Kraft, die so lange in dir selbst geschlummert hat. Atme die Kraft der Göttin in jede deiner Zellen ein und erfahre die neue Einheit hier im Reich der ewigen Mutter von Allem-was-ist, die in allem ist.

Du schaust in das Licht und siehst jetzt, wie eine wundervolle Gestalt auf dich zutritt, und plötzlich schließt du deine Augen vor dem strahlenden Licht, in das die Göttliche Mutter dich einhüllt. Betrachte sie dir und nimm wahr, wie sie sich dir zeigt.

Sie lächelt dir mit solch kraftvoller Liebe entgegen, dass du dich magnetisiert fühlst. Du fühlst den kraftvollen Ausdruck der göttlichen Liebe in jeder Zelle deiner sichtbaren und unsichtbaren Körper. Diese Liebe, die von der göttlichen Mutter ausgeht, umhüllt und durchdringt dich bis tief in dein innerstes Sein. Atme tief.

Schau ihr lächelnd entgegen und erkenne ihr himmlisches, strahlendes Sein. Erlebe, wie sie dich voller urteilsfreier Liebe betrachtet. Erfahre, wie sie sich in dir selbst wiederfindet so, wie du dich in ihr widerspiegelst. Betrachte dir ihr Bild genau und präge es dir so gut ein, dass du nach deiner Rückkehr jederzeit diese Energie der bedingungslosen Liebe wieder zur Verfügung hast. Vor dir steht die Mutter, die du dein Leben lang herbeigesehnt hast. Sie ist die Mutter der Liebe, die Mutter der Schöpferkraft, des ganzen Universums, und vor allem ist sie DEINE, unser aller wahre Mutter, die sich in dir selbst in der Welt präsentiert. Die Große Göttin ist die Mutter allen Lebens, die dich urteilsfrei, so, wie du dein Sein zu leben liebst, liebt, weil sie du selbst ist.

Du weißt es in göttlicher Gewissheit. Sie, die auch du ist, nimmt dich, ja, dein ganzes Sein, an ihr göttliches, mütterliches Herz. Schmiege dich ganz fest an Mutter Gott und tauche ein in ihre Liebe und Lebendigkeit. Und während du hier an ihrem Herzen atmest, wird dein ganzer Körper von ihrem Licht und ihrer Liebe durchdrungen. Weibliche göttliche Kraft erhellt deinen Körper, deinen Geist und deine Seele.

Du fühlst ihren Herzschlag an deinem Herzen. Atme den Herzschlag der Großen Göttin durch dein Herzzentrum in dein eigenes Herz ein und werde eins mit ihrem Atem. Atme den Rhythmus der Göttin und kehre zurück in dein ursprüngliches Sein von Großartigkeit, Weiblichkeit, Liebe zu Allem-was-ist und erfahre deine neue Lebendigkeit.

Bleibe sanft in diesem Zustand und lass dich auf allen Ebenen deines Seins von der Schöpfermutter heilen und in deine ursprüngliche Einheit zurückverwandeln.

Lausche ihren Worten, die sie jetzt nur zu dir spricht. *(Pause)*

Öffne dich der weiblichen Kraft und nimm an, was sie dir schenkt. Diese Liebe ist wirklich und echt, und sie gilt dir. Dir allein. Wenn du jetzt nichts hören kannst, dann stell dein Denken einfach in die Ecke eines Raumes und öffne dich noch mehr ihrer Energie. Lausche ihrem Herzschlag, und du wirst die Worte, Gefühle oder Energien spüren, die du in deine Worte übersetzt.

Spüre die Liebe, die vollkommene Freude am Sein und die göttliche Wärme, die von der Göttlichen Mutter jetzt auf dich ausstrahlt. Es ist eine ganz neue Liebe. So warm, so weit, so annehmend. Gott Mutter nimmt dein ganzes Sein wahr und in sich auf.

Sie flüstert in dein Herz, dass du perfekt bist so, wie du jetzt bist. Du fühlst tief in dir, dass du auf deinem Weg zu ihr so vieles erfahren musstest, weil du selbst es gewollt hast.

Erzähle ihr nun von den zwei oder drei schlimmsten Situationen in deinem Leben, und sie wird dir die Essenz deiner Aufgabe erklären. Erfahre von ihr, dass du auserwählt bist, die Energie von Mutter Gott auf die Erde zu bringen und dort zu verankern und diese weibliche Kraft in allen Frauen, die dir begegnen, zu erwecken. Einfach nur durch dein göttliches Sein in der göttlichen Kraft deines Herzens, das nun mit dem Herz der Göttin vereint ist.

Nimm an, was sie dir schenkt, und wisse: Das, was sie in dir sieht, deine Vollkommenheit, ist das wirkliche DU.

Sie berührt jetzt dein Herzchakra, dein Thymuschakra und dein Kehlchakra. Und während ihre Hand sanft und leicht wie eine Feder auf deinem Herzzentrum ruht, spürst du, wie sie die Göttin in dir zum Leben erweckt. Fühle die göttliche weibliche Kraft in deinem Herzen. Atme durch dein Herz aus ihren Händen diese Energie tief in dein Herz ein und nimm sie in Empfang als deine Erbschaft und als dein Recht.

Nun haucht sie ihren warmen, göttlichen Atem auf dein Drittes Auge. Du erkennst, dass du nie wieder manchen Dingen und Geschehnissen gegenüber so blind sein wirst, wie du es so manches Mal in deinem Leben auf Erden warst. Ihr schöpferischer Atem öffnet dein Drittes Auge und schenkt dir die göttliche Fähigkeit, die Dinge hinter dem Schleier zu sehen, und du erkennst das Göttliche, die Göttin in jedem Menschen.

So wirst du zu einem Lichtbringer für die Göttin in jeder Frau auf Erden, wenn du in deine Dimension zurückkehrst.

Mutter Gott ist von jetzt an für alle Zeiten in dir präsent.

Atme diese Kraft der Liebe tief in dich ein und lass sie durch jede deiner Poren aus deinem Körper herausströmen. Gehe mit dieser wunderbaren Energie nun täglich durch dein Leben und berühre alle und jeden, die deinen Weg kreuzen.

Während Mutter Gott sich nun sanft von dir löst, erblickst du im Hintergrund andere weibliche Wesenheiten, die den Weg bereits vor dir beschritten und wieder in der Heimat angekommen sind.

Nimm wahr, wie Kwan Yin auf dich zukommt. Betrachte dir die Aufgestiegene Meisterin, die Göttin der Barmherzigkeit, die Schützerin der Frauen und Kinder, die dich hierher in diese wunderbar weibliche Dimension geführt hat. Lass dich auch von Kwan Yin sanft und herzlich in die Arme nehmen und spüre, wie sie eine goldene Lotosblume der Barmherzigkeit für dich selbst und jedes lebende Wesen in deinem Herzen verankert. Kwan Yin nimmt dich an die Hand und führt dich zu den anderen, wunderschön strahlenden Wesenheiten.

Betrachte dir die Göttinnen dieser Erde und lass dir ein Bild zeigen, wie es war in der Zeit, als du an ihrer Seite auf dieser Erde wandeltest. Betrachte dir die Schönheit unserer Mutter Erde in dieser Zeit, als der menschliche Körper Gestalt annahm. Wandle über die junge Erde in der Zeit, als die Göttin noch hier zu Hause war. Sie tritt auf dich zu und berührt mit sanften Händen dein Herzzentrum. Du fühlst, wie eine noch tiefere Wärme in dir aufsteigt und wie sich die göttliche Flamme in deinem Herzen erweitert, kraftvoll entflammt und du in deine wahre Größe erwachst.

Und während Kwan Yin nun zur Seite tritt, kommt Abundantia in einem herrlichen Gewand und mit lachenden Augen auf dich zu. Abundantia, die Göttin der Fülle und des Wohlstands, hält ein ganz besonderes Geschenk für dich in ihren Händen. Es ist eine goldene Glocke, die deinen ganz persönlichen Wohlstand herbeirufen kann. Als Teil der Göttin hast du alle Rechte an und in dieser Welt, dein Leben in Freude, Glück und Wohlstand zu leben. Als Teil der allumfassenden Gottheit bist du selbst ein Teil der Fülle. Nimm deine Glocke aus Abundantias Händen entgegen.

Sie zeigt dir nun, wie du diese Glocke für deine glückvolle Zukunft und Gegenwart nutzen kannst, indem du sie sanft zum Klingen bringst und an all das denkst, was Glück, Erfolg, Reichtum und Wohlstand auf allen Ebenen deines Seins für dich bedeuten. Lass ein Bild in dir aufsteigen, in dem du dich selbst siehst. Glücklich, strahlend, wunderschön und mit allem ausgestattet, was das Leben für dich lebenswert macht. Konzentriere dich nun einen Augenblick ganz auf dieses Bild. Abundantia bittet dich, dein Eingebunden-Sein in die Fülle des Universums anzunehmen und dich als Teil der Fülle zu sehen. Betrachte dich jetzt in einem Spiegel der Glückseligkeit und Fülle, den Abundantia nun vor dich stellt, und werde dir deiner eigenen Großartigkeit bewusst.

Visualisiere weiter konzentriert das Bild dessen, was Fülle und Wohlstand auf allen Ebenen deines Seins bedeuten. Abundantia erklärt dir, dass du jedes Mal, wenn du dein Bild von Fülle und Wohlstand manifestieren möchtest, deine Glocke in deine Hände nehmen kannst und dich völlig auf das Bild des positiven Ergebnisses dessen, was du dir aus reiner Seele wünschst, konzentrieren sollst.

Nun verankere diese kostbare goldene Glocke tief in deinem Herzen.

Verabschiede dich nun von Abundantia, denn jetzt tritt Lilith zu dir, um dich in deine ganz eigene Kraft zu bringen.

Lilith, die Göttin der Kraft, der Freiheit und der uneingeschränkten Gleichheit zwischen allem, was lebt. Betrachte dir Lilith, die hier in ihrer prachtvollen Schönheit vor dir steht. Sie ist die Manifestation der Göttin, die die Gleichheit der Frau lebte und dafür von allen Religionen verunstaltet wurde. Hier steht sie in ihrer ganzen Größe und will den Funken der Freiheit, der weiblichen Kraft und der weiblichen Führungskraft auch in dir zum Lodern bringen. Als Lilith die Erde verließ, wurde die Göttin vom Patriarchat entmachtet. Die Weiblichkeit in jeder Frau und in jedem Mann wurde geknebelt und in Ketten gelegt.

Lilith erklärt dir nun, dass nur durch die Wiederintegration der freien Göttin in jedem Menschen die Liebe und Weisheit auf Erden neu zum Leben erweckt werden können.

Lilith bittet dich jetzt zu erkennen, wann und wie du die Angst vor deiner eigenen Kraft lebst.

Schau in dein Leben und erzähle Lilith von all den Augenblicken, in denen du aus verstaubten Glaubenssätzen heraus deine eigene weibliche Kraft verleugnet hast. Erzähle ihr von jedem Augenblick, in dem du deine weibliche Führungskraft an einen Mann oder einen anderen Menschen, der vermeintlich stärker war, übergeben hast. Indem du jetzt in Liliths Augen schaust, erkennst du, wie du stattdessen hättest handeln und agieren können.

Nimm diese Geschenke mit in dein Leben, und du wirst göttliche, weibliche Kraft und innere Stärke sein.

Lilith lässt dich erkennen, dass wahre Lebens-, Schöpfer- und Führungskraft ein Teil der Göttin sind. Lass dich jetzt berühren von Lilith und nimm deine Stärke, deine Freiheit, deine Selbstermächtigung, deine Unabhängigkeit und deine ganz eigene Weisheit wieder in Besitz.

Lilith übereicht dir eine goldene Sichel, die dich jederzeit an deine innere Kraft erinnern kann und wird, wenn du ihrer gedenkst.

Nimm wahr, wie Lady Nada, die große Göttin der Lebensfreude, der Sinnlichkeit und der gelebten Liebe, auf dich zukommt. Fühle, wie ihr Lachen und ihre Liebe in dir widerhallen und spüre, wie Lady Nada mit dir den Tanz des Lebens tanzt. Spüre, wie mit jedem Tanzschritt die Leichtigkeit, die Lebendigkeit, die Lebensfreude und die göttliche Fähigkeit zur Freude an Allem-was-ist in dich eintritt. Schau ihr in die lachenden Augen. Dies ist Weiblichkeit, dies ist Lebendigkeit, wie sie sein soll. Lebendige gelebte Liebe in jeder Faser deines Seins.

Lady Nada dreht sich noch einmal mit dir, und in einer festen Umarmung verankert sie die Fülle des Lebens in deinem Herzen.

Lass dich fühlen, wie leicht und wie allumfassend du bist, hier, in den Weiten des Raums.

Atme und lausche den Klängen der Sphären.
Lausche den Klängen der Planeten.
Den Klängen des Universums.

Lausche dem Herzschlag von Allem-was-ist.

Schau dich um, und dann höre die Stimme der Göttin,

die dich zu sich zurückruft. Lausche der sanften, so kraftvollen, so weiblichen Stimme.

Höre deinen Namen, den einst die Göttin dir gab, als sie dich in die Universen entließ, und fühle, wie dieser kosmische Name, der deine Göttlichkeit repräsentiert, sanft in dir widerhallt. Die Mutter allen Lebens, die Göttin, ruft dich jetzt noch einmal zu sich in ihr Reich.

Du fühlst dich leicht und beschwingt und doch so voller weiblicher Kraft, wie schon seit Ewigkeiten nicht mehr. Fühle, wie du schwingst in der Leichtigkeit, in der Freiheit des alles umfassenden Seins.

Schwinge dich ein in den Klang allen Seins. Träume deinen Traum des Lebens hier in der Energie des Friedens, der Liebe und der Lebendigkeit. Nie hast du dich lebendiger gefühlt als du es gerade jetzt tust.

Und wieder hörst du den singenden Ruf: Komm, mein geliebtes Kind! Komm in die Arme deiner wahren Mutter! Komm in die Arme der Göttin, die dich aus sich selbst erschuf als ihr Ebenbild! Komm zu mir, mein geliebtes Wesen, damit wir in Einheit verschmelzen. Komm zu mir, geliebtes Sein, damit du die Einheit in dir selbst wieder vereinigen kannst.

Und du fühlst deinen Herzschlag hier am Puls des Universums. Du schwebst und träumst den Traum aller Träume. Du schwebst sanft und freudigen Herzens der Göttin entgegen.

Die Mutter ruft dich! Die Göttin ruft dich. Du hast den Schritt getan und deine wahre Mutter, die Göttin allen Lebens, wiedergefunden.

Sanft wirst du jetzt in ihre Energie gezogen.

Lass dich ziehen.
Lass dich treiben.
Lass dich fließen.

Alles geschieht ganz sanft, so dass du langsam deine Energie der sich erhöhenden Energie der liebenden Göttin anpassen kannst.

Und nun bist du angekommen. Du bist endlich wieder im Glanz des Lichts der Mutter, die du dein Leben lang vergeblich suchtest. Bis heute. Heute hast du dich dir selbst zurückgegeben, und du stehst nun noch einmal direkt vor … Mutter Gott!

Du kannst sie jetzt so viel besser erkennen als bei deiner ersten Ankunft, denn dein Blick ist klarer und freier geworden. Ihr Glanz ist strahlend und schön. Ihr Ausdruck ist voller Leben und Liebe. Ja, das ist Weiblichkeit in ihrer vollkommensten Meisterschaft. Das ist die Frau, die in dir selbst lebt, die du so lange im Dunkel gehalten hast.

Die Göttin streckt dir ihre liebenden Arme entgegen. Gehe hinein in die weit geöffneten Arme des Lebens und träume den Traum des Lebens, wie du ihn einst träumtest voller Unschuld und Unwissen ob dem, was du erfahren wirst. Lass dich von der Göttin warm und liebevoll an ihren warmen Busen nehmen. Lausche ihrem Herzschlag, der dich alles vergessen lässt, was dich jemals von Mutter Gott trennte.

Du schmiegst dich in ihre Arme und vergisst all die Zeit, die du getrennt warst. Du bist wieder ganz am Anfang deines Seins. Hier, in den Armen von Mutter Gott, werde weich, werde warm und erkenne deine dir ganz eigene Kraft der Göttin in dir. Fühle ihre Wärme und auch ihre Kraft.

Nun löse dich sanft aus ihren Armen. Bleibe in ihren Händen, doch löse dich so weit, dass du ihr Gesicht betrachten kannst. Schaue dir die Göttin ganz genau an. Finde die vertrauten Züge wieder, die du einst so gut kanntest.

Du siehst ihre lachenden Augen, ihren wundervollen Mund und ihre wundervolle Nase. Sie hat dich wirklich als ihr Ebenbild auf diese Erde entlassen, die dich so sehr anzog. Du erkennst deine Züge in ihren Zügen und weißt es: Du bist vollkommen.

Lies in ihren Augen jetzt deine Geschichte.

Erfahre, wie es war, als du zum ersten Mal der herrlichen Schöpfung der Göttin gewahr wurdest, als du dich zum ersten Mal getrennt fühltest und als Individuum.

Erfahre, wie es war, als du zum allerersten Mal den Planeten Erde, dieses wundervolle Juwel im Universum, aus der Göttin erschaffen, gesehen hast. Spüre in dich hinein. Wie war es, als dein Blick diese wunderschöne blaue Kugel inmitten der Sterne erblickte. Fühle, wie einst dein Herz seufzte im Angesicht der weiblichen Göttlichkeit, die diesen einzigartigen Planeten erstrahlen ließ.

Erfahre, wie es war, als du zum ersten Mal deinen von der Mutter gestalteten Fuß auf diese warme, feuchte, Geborgenheit schenkende Erde setztest. Fühle wieder die Kraft, die durch deinen noch feinstofflichen Körper strömte. Fühle, wie du selbst zu dieser Kraft wurdest, als du den Herzschlag der Erde vernahmst.

Erfahre, wie es war, als du dich in die Erde verliebtest. Fühle die leichten Gefühle von Selbständigkeit, von Ablösung, von Hinwendung zu deiner eigenen Individualität, als du den Entschluss fasstest, die Formen der Erde anzunehmen und mit deiner eigenen Natur verschmelzen zu lassen.

Erfahre wieder, wie es war, als die Erde dich dann festhielt und du dich erfreutest an der Schönheit der Schöpfung der Göttin.

Erinnere dich an die Tempel, an die Kristalle. Erinnere dich jetzt an die Stätten aus Kristall und Lapislazuli auf Lemuria.

Erinnere dich an unsere Liebe, die wir alle miteinander, mit der Erde, mit unserem gemeinsamen Sein, mit Gott Mutter und Gott Vater verbanden.

Sieh dich wieder, wie du lachend und tanzend über die Erde schwebtest und sie mit deiner Zartheit zu prallem Leben und nährendem Gewahrsein erwecktest.

Lass dich atmen und fühle. Du bist immer noch am Herzen der Göttin, geborgen in ihren Armen, und siehst in ihren Augen das ganze Universum.

Die Göttin sendet ihre Liebe von ihrem Herzen jetzt in dein Herz hinein. Atme sie ein, diese universelle Liebe. Atme sie durch dein Herzchakra tief in dich ein und lass sie einen dauerhaften Platz in deinem Herzen behalten. Du wirst diese Liebe von heute an wieder in die Welt hineintragen.

Erfahre hier und jetzt am Herzen der Großen Mutter deinen eigenen, dir selbst gegebenen Auftrag.

Lass dir nun von der Göttin all die Bilder zeigen, die dich dir selbst näherbringen. Sie wird es tun. Lass dir hier bitte genügend Zeit, um alles wahrzunehmen, was die Göttin dir schenkt.

Atme und fühle, dass du mit der Göttin eins bist.

Atme und fühle, dass nichts dieses Gefühl mehr von dir nehmen kann.

Atme und fühle, dass du selbst jetzt die Göttin bist.

Tanze mit der Göttin den Tanz der Erde, hier, im Klang der wundervollen Sphärenklänge. Wiege dich mit der Göttin im Rhythmus ihrer Schöpfung und lobpreise das Sein in all seiner Vielfalt und Herrlichkeit.

Du fühlst ihre Fülle und Wärme und badest in der Sinnlichkeit der Erfahrung deiner selbst.

Und während ihr den Tanz beendet, zeigt dir die Göttin jetzt ein Symbol deiner Präsenz. Du erfährst, welchen Part der Göttin du in erster Linie repräsentierst in diesem Symbol.

Wer und was bist du?

Bist du die Nährende?
Bist du die Heilende?
Bist du die Kriegerin?
Bist du die Kindliche,
die staunend das Leben betrachtet?
Bist du die Priesterin?
Bist du die Weise?
Bist du die Führerin?
Bist du die Amazone?

Du weißt jetzt, was du wirklich bist. Vielleicht bist du ja eine Mischung aus mehreren dieser Persönlichkeiten. Doch du kannst jetzt in die Welt zurückkehren und deine Position im Tanz des Lebens einnehmen. Deine Suche hat ein Ende. Dein Sehnen hat ein Ende. Deine Liebe hat dich zurückerobert.

Freue dich.
Lache.
Liebe dich.
Genieße dich und erkenne, welch wunderbares Abbild der Göttin du selbst bist.

Nun löst die Göttin dich sanft aus ihren Armen. Sie strahlt ihre Wärme in deine Aura und nimmt dich sanft an die Hand. An der Hand der Großen Mutter kehrst du zurück auf die Erde, die dich freudig empfängt. Fühle wieder wie damals die Liebe von Gaia und ehre die Erde in all ihrer Vielfalt.

Die Göttin lässt dich sanft nieder auf deinem Platz, den du vor deiner Reise innehattest. Sie streichelt dir noch einmal sanft die Wange und versichert dir, dass du zu jeder Zeit in ihrem Reich willkommen bist. Lausche ihren Abschiedsworten für heute: Bittet sie auch dich, ihr Reich auf Erden neu zu begründen?

Und während die Göttin in ihr Reich zurückkehrt, lässt du einen tiefen Atemzug dein Wesen erfüllen.

Du kehrst zurück in deine Gegenwart, und während du deine Augen öffnest, bringst du all die Liebe und Führungskraft der Göttin mit in deinen Alltag. Lass diese Liebe aus dir strahlen und umgib damit Alles-was-ist.

Schaue dich um in deiner Welt. Hat sie sich ein wenig verwandelt? Erkennst du jetzt wieder die weibliche Kraft der Schönheit des Planeten Erde, den du selbst dir als Aufenthaltsort gewählt und bestimmt hast?

Schreibe dir die wichtigsten Erfahrungen in kurzen Sätzen auf.

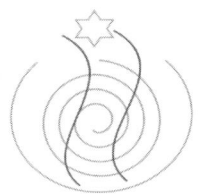

Abschluss der Vorbereitungen

Nun ist deine Vorbereitung für deinen Einweihungstag, der am morgigen Tag stattfinden sollte, abgeschlossen.

Wenn du beide Meditationen an einem Nachmittag erfahren hast, dann fühlst du dich jetzt entweder sehr angestrengt und müde, oder völlig ausgeglichen und erwartungsfroh auf den nächsten Tag.

So nimm nun ein leichtes Abendessen zu dir und verbringe den Abend nach Möglichkeit mit dir ganz alleine und mit deiner Arbeit zur Vorbereitung auf deine morgige Einweihung.

Begib dich wieder in die Halle der Vereinbarungen und schließe deinen Frieden mit all den Menschen, die du in der Meditation selbst nicht berücksichtigen konntest.

Mach dir noch einmal bewusst, wer in deinem Leben der Mensch ist, der dich am tiefsten verletzt hat. Mach dir noch einmal bewusst, was dieser Mensch dich in Wahrheit der Seele lehren wollte und erkenne deinen Gewinn darin. Die Meister werden dich dies morgen fragen. Dies geschieht nicht, weil sie Altes festhalten oder gar urteilen wollen, sondern um dich darauf hinzuweisen, dass du nicht vom Kopf her, sondern nur durch Mitgefühl, Verständnis und eine mitfühlende Tat wahrhaft verzeihen kannst.

Morgen ist der große Tag, an dem du als Schüler in die weiße Schwestern- und Bruderschaft aufgenommen wirst. Und morgen ist der Tag, an dem du wieder völlig an die universelle Lebenskraft angeschlossen sein wirst. Deine Seelenanteile, die sich von dir abgespalten haben in vielen Inkarnationen und jetzt zu dir zurückkehren wollen, werden in dein Leben treten und dein Sein bereichern.

So bleibt mir jetzt nur, dir eine wunderschöne Nacht zu wünschen. Wahrscheinlich wirst du tief und fest schlafen, doch sei gewiss, die Meister werden die ganze Nacht mit dir arbeiten, damit du bestens vorbereitet bist und deine Kanäle geöffnet sind für die Einweihung in deinen Status eines Meisterheilers für das Neue Zeitalter.

Ancient-Master-Healing

Die Einweihung

durch

Miranlaya und Metatron

Lord Sananda, Lady Nada, Lady Kwan Yin, Lady Gaia und Meister Saint Germain

Dein Fest der Einweihung

Bereite den Einweihungsraum sehr gut vor. Errichte einen kleinen Altar mit Kerzen, einem schönen Edelstein, wenn du einen besitzt, und gib ein gutes ätherisches Öl in eine Duftlampe oder zünde etwas festlichen Weihrauch an. Ich persönlich bevorzuge ein gutes Lotusöl. Achte bitte bei all diesen Dingen darauf, dass sie biologisch angebaut und bearbeitet wurden, damit du keine Chemie in den Raum verdampfst.

Wenn du das Zusatzset mit Essenzen und Salbungsöl für die Einweihung besorgt hast, dann stelle auch dieses bereit. Fülle ein kleines Glas mit etwas reinem Quellwasser und gib drei Tropfen der Gold-Diamant-Essenz hinein. Stelle auch dieses auf deinen Altar.

Die Einweihung, die gleich folgen wird, dauert circa zweieinhalb bis drei Stunden. Bereite dich gut vor, indem du ein leichtes Frühstück zu dir nimmst und zuvor noch einmal die Toilette aufsucht.

Zu deiner Einweihung möchte ich dir nun gerne noch einen kurzen Überblick geben, damit du vorbereitet und informiert bist.

Die Dreifaltige Flamme ist der Ort in deinem Herzen, an dem deine Göttlichkeit, die mit Allem-was-ist eins ist, selbst wohnt. Dies ist der Ort der Kraft in deinem Herzzentrum, an dem du das Leben bist und das Leben atmest.

Die Meister werden deine Christusflamme reinigen, kräftigen und mit ihrer Energie bereichern.

Es soll eine luftdichte verschlossene Kammer in jedem menschlichen Herzen geben, die jeder Chirurg bei einer Herzoperation weiträumig umgeht.
Dies ist weder gechannelt noch eine esoterische Über-lieferung, sondern das Ergebnis einer wissenschaftlichen Herzforschung durch Dr. O.Z.A. Hanish (1844 – 1936). Ein Bericht darüber lautet so:

„In den frühen Neunzehnhundertzwanziger-Jahren machte Dr. Hanish seine Entdeckung über das göttliche Atom bekannt. Er sagte, im hintern Teil der vierten Herz-kammer oder im linken Aurikel befinde sich eine fünfte Kammer, in der sich das göttliche Atom befinde. Diese Kam-mer sei eine luftleere Zelle, sie enthalte ein vollkommenes Vakuum (luftleerer Raum). Er lichtete diese Kammer mit einer mikroskopischen Kamera ab und vergrößerte die er-haltenen Bilder um das Einmillionenfache. Dadurch wurde das wunderbare göttliche Atom sichtbar. Es zeigte sich als eine erwachsene (mature), geschlechtslose, menschliche Gestalt in vollkommener Jugendlichkeit. Diese Gestalt ist immer dieselbe; immer ist sie erwachsen und jugendlich, ob gefunden in einer alten Person oder in einem neuge-borenen Menschenkind. Sie ist und bleibt frei von allen menschlichen Eigenschaften (human qualities). Sie steht aufrecht, ohne die Zellwände irgendwo zu berühren.

In der Christus-Flamme im Herzen eines jeden Menschen befindet sich das vollkommene Bild, das Ebenbild seines Schöpfers. Dieses ist das göttliche Muster (Modell) genauso, wie es in JESUS war."

Dieser „Herz-Mensch" ist das aus Gott erscheinende Urbild und dadurch die geformte und formende Bildekraft der menschlichen Lebensgestalt.

Quellenhinweis: Karl Ledergerber, *Mit den Augen des Herzens – Ein neues Denken breitet sich aus*, Seite/n 103 u. 104, 2. Auflage 1995 im Turm Verlag, Bietigheim, ISBN 3-7999-0238-4.

Diese Kammer wird auch der *Hot Spot* genannt. Hier ist der Sitz deiner Göttlichkeit. Von hier aus geht sie über dein Kronenchakra hinauf zu deiner heiligen multidimensionalen Seele und ist dauerhaft mit der Urquelle selbst verbunden! Manches Mal spüren Menschen diesen Ort, wenn sie tiefe und vor allem echte Liebe für einen anderen Menschen oder ein anderes Wesen empfinden. Dann weitet sich diese Stelle, und es entsteht ein, auch körperlich spürbar sehr warmes Gefühl, das sich ausdehnt und dabei das Herzzentrum erweitert.

Durch die Einweihung wird dein Herzzentrum intensiv geklärt, geheilt und geweitet, und so kannst du diesen Christus in dir immer intensiver spüren.

Die Meister werden dich in der Vorbereitungsmeditation vorab einweihen, so dass du unter ihrer Leitung die heilenden Meditationsberührungen selbst ausführen kannst, bevor die eigentliche Einweihung stattfindet.

Mache dir in der Einweihung keine großen Gedanken darum, ob du nun irgendwelche Handbewegungen oder Gesten richtig machst. Es gibt hier kein Richtig oder Falsch. Wenn du dich gut vorbereitet hast, dann korrigieren die Meisterinnen und Meister alles, was du in reiner Absicht tust.

Nun wünsche ich dir und euch eine tiefe und wundervolle Einweihung, denn der Einzuweihende ist ebenso in der göttlichen Energie wie der Einzuweihende. Stimme bitte die Anrede auf Weiblich oder Männlich selbst ein, da sonst der Text von er/sie und ähnlichem wimmeln und dich nur verwirren würde.

Wenn du die oder derjenige bist, die oder der eine andere Person einweiht, so bereite dich nun vor, indem du fünf Minuten im Einweihungsbereich meditierst und dich auf die Meister/innen einstimmst. Dann lies die Texte mit sanfter Stimme. Lass deinem Gegenüber genügend Zeit, die einzelnen Schritte zu erfahren. Schön ist es, wenn du sanfte sphärische Musik auflegen kannst, die die Einweihung unterstützt.

Die Aufnahme als Schüler in die Weiße Schwestern- und Bruderschaft

Ich rufe das Licht der Vollkommenheit an, über *(Vorname)* und mich herabzukommen. Bitte umhülle uns mit deinem Schutz, erfülle und durchdringe uns mit deiner Liebe.

Das herrliche, schützende Licht aus der Quelle allen Seins erfüllt diesen Raum. Dieses Licht umhüllt uns und durchflutet diesen Raum, in dem wir uns während dieser heiligen Einweihung aufhalten. Fühle das Licht und nimm diesen heiligen Ort der göttlichen Kraft wahr. Lege deine Hände auf dein Herzzentrum, wenn dies geschehen ist. *(Warte ab, bis die Hände auf dem Herzzentrum liegen, bevor du weitergehst.)*
Atme das schillernde, göttliche Licht, das alles ist, tief in dich ein. Fühle deinen Körper, spüre die Energie in deinem Atem deinen Körper durchfließen und erfahre dich als das göttliche Wesen, das du in Wahrheit bist.
Lade jetzt mit mir gemeinsam alle lichtvollen Wesenheiten ein, die heute hier sein wollen und deine Integration mit dir gemeinsam erfahren möchten. Ich bitte also alle deine Seelenanteile, die dir auf deinem Weg ins Licht zur Seite stehen wollen und heute in dein Leben zurückkehren oder eintreten möchten, alle Engel, Begleiter und Meister, die dir verbunden sind und zu dir gehören, alle göttlichen Gefährten, die heute hier sein wollen, in diesen Raum zu treten und unserem Festtag beizuwohnen mit ihrem Schutz, ihrer Liebe und ihrem Segen.

Nimm wahr, wer alles zu deiner Einweihung in unseren heiligen Tempel eintritt. Begrüße jeden mit einem Lächeln und freue dich, dass du so urteilsfrei geliebt und geschützt wirst.

Lady Nada tritt neben dich. Sie lächelt dir zu und reicht dir ihre Hand. Nimm Nadas Hand in deine Hände und lass dich von ihr in die Dimension, in der die Weiße Schwestern- und Bruderschaft ihren Sitz hat, tragen. Nimm wahr, wie die Reise verläuft und die Umgebung sich dir zeigt... JETZT, da wir ankommen.

Du stehst vor einem Tempel, der herrlicher ist als alles, was du bisher wahrgenommen hast. Steige mit Lady Nada die Stufen empor und erspüre die heilige Vollkommenheit an diesem herrlichen Ort. Lady Nada wird nun die Weiße Schwestern- und Bruderschaft um Erlaubnis bitten, dich als Schüler/in in ihren Kreis aufzunehmen. Wenn die Tür sich öffnet, bleibst du bitte auf den Stufen stehen. Du kannst von hier aus zuschauen, während Lady Nada deinen Wunsch vorträgt. Der Meister oder die Meisterin, die dich in nächster Zeit begleiten und schulen wird, wird dich hereinbitten, sobald alle in der Weißen Schwestern- und Bruderschaft ihre Zustimmung gegeben haben. Du wirst es daran erkennen, dass einer der Meister oder Meisterinnen dich hereinholt und zu einem Platz an der Tafel der Meister führt. Dort nimm bitte Platz. Lass mich wissen, wenn du spürst, dass deinem Antrag stattgegeben wurde und du auf deinem Platz in der Runde der Meisterinnen und Meister sitzt. Lege sodann wieder deine Hände auf dein Herzzentrum.

(Warte bitte ab, bis die Hand auf dem Herzzentrum liegt.)

Bevor deinem Antrag nun stattgegeben wird, wirst du einige Fragen beantworten, die ich in Stellvertretung gleich an dich richten werde.

Geliebte Brüder und Schwestern der Großen Weißen Bruderschaft. Hier ist *(Vornamen des Einzuweihenden)* als Schüler/in, der/die die Aufnahme in die Große Weiße Schwestern- und Bruderschaft erbittet. Wir haben die notwendigen Vorbereitungen abgeschlossen. Ich werde diese neue Schülerin, der/die mein/e Freund/in ist, leiten und unterstützen, wenn immer sie oder er mich um Hilfe ersucht, so wie sie/er es mit mir nach meiner Einweihung tun wird.

Der Meister wendet sich nun an dich *(Vorname)*.

Bist du bereit, dich an deine Schwester und den dir zugewiesenen Meister hier zu wenden, wenn du Hilfe benötigst und diese Hilfe anzunehmen?

(Antwort abwarten)

Wünschst du aus reinem Herzen, als Schüler in die Weiße Schwestern- und Bruderschaft einzutreten, uns zur Ehre auf Erden zu dienen und deinen Beitrag an der Verbreitung der Liebe zu leisten?

(Antwort abwarten)

Kennst du den Sinn und die Aufgabe unserer Großen Weißen Schwestern- und Bruderschaft?

(Antwort abwarten)

Versprichst du, all die Dinge in deinem Herzen zu bewahren, die du in der Zeit deiner Schulung erfahren wirst, die für die Geheimhaltung wichtig sind?

(Antwort abwarten)

So wisse! Dies hier ist kein Geheimbund, der im Verborgenen wirkt. Und doch gibt es heilige Wahrheiten, für die manche Menschen noch nicht bereit sind, die sie überfordern würden. Hier dann das Maß zu wahren und nicht zu missionieren, das ist der Sinn dieser Frage, meine geliebte Freundin, mein geliebter Freund.

Versprichst du, dein Leben und deine Kraft einzusetzen, um dir selbst, der Menschheit und der Erde ein Licht zu sein; auf diesem Weg das Urteil auch über dich selbst abzulegen und die Liebe zu werden, die dein wahres ICH BIN in der allumfassenden Gottheit ist?

(Antwort abwarten)

Verpflichtest du dich, ganz und gar dein Selbst in dir zu integrieren und jegliche Scheinheiligkeit abzulegen?

(Antwort abwarten)

Wer ist der Mensch, der dich in deinem Leben am tiefsten verletzt hat?

(Antwort abwarten)

Hast du erkannt, oder kannst und wirst du jetzt erkennen, was dieser Mensch dich lehren wollte?

(Antwort abwarten)

Was ist die Lehre für dich?

(Antwort abwarten)

Wirst du diesem Menschen hier und jetzt von Seele zu Seele verzeihen?

(Antwort abwarten)

Was wirst du diesem Menschen nunmehr, wenn du diesen Ort verlässt, als Zeichen deiner Befreiung Gutes tun?

(Antwort abwarten)

Somit sei dir nun gestattet, die Heilkunst des *Ancient-Master-Healing* wieder zu erlernen und durch Integration der göttlichen Kraft in dir der Menschheit ein Licht zu sein.

Ja! Fühle dich hier an diesem wunderbaren Ort der Heiligkeit. Fühle dich, wie du als Schüler/in erhoben wirst, der licht- und liebevollen Schwestern und Brüder des Lichts, deren höchstes Ziel es ist, der Erde und den Menschen, die guten Willens sind, in diesen aufregenden Zeiten Hilfe und Liebe zu schenken.

Begrüßung durch Lady Kwan Yin

Lady Kwan Yin tritt nun hervor, um dich hier an diesem heiligen Ort zu begrüßen (Begleiter/in). Öffne dich ganz den Energien von Kwan Yin und warte mit dem Beginn, bis du sie ganz nah bei dir spürst.

„Geliebte Freundin, geliebter Freund,

wir als Ermächtigte, dich in die Heilkunst des *Ancient-Master-Healing* zu erheben, das sind Lady Kwan Yin, Lady Nada, Lord Jesus Sananda und Saint Germain, begrüßen dich mit dem reinen Licht, das du bist. Wir begrüßen und begleiten dich in das Wunder deiner Weihe in deine eigene vollkommene Energie der Schöpferkraft.

Du hast es in deinem Sein in der Dimension, die du selbst dir erwähltest, sehr weit gebracht auf deinem Weg der Meisterschaft, denn du bist heute hier angekommen, um zu einem Lichtbringer der Neuen Zeit zu erwachen. Mit deiner heutigen Einweihung in *Ancient-Master-Healing*, wird durch die Integration des vollkommenen Lichts in dir dein Licht größer werden und dein ganzes Sein durchstrahlen. Zudem ist es uns gestattet, durch die Erlaubnis des Karmischen Rates, heute all dein Karma, das du von Anbeginn der Zeit als deinen Weg gewählt hast, mit dir zu erlösen, wenn du es dir selbst erlaubst.

Wir sind hier, um dich auf deinem Weg zu begleiten, und sind hier bei dir, um dich den Weg zu wahrer Meisterschaft über dich selbst und die Dinge, die nur zu sein scheinen, zu lehren. So haben die Große Göttin, der eine Gott, der Liebe ist, und der Rat der Hüterinnen und Hüter des Karmas beschlossen, dir durch uns die Kraft der göttlichen Heilung noch einmal zu überreichen, dich deine Größe erinnern zu lassen und dich in deine Selbstermächtigung zu weihen.

Wir sind heute hier bei dir als Antwort auf deinen Wunsch, dich selbst in den Aufstieg der Liebe zu erheben. Wisse, geliebte Schwester, geliebter Bruder, wenn du im Bereich der schöpferischen Liebe bist, dann wirst du alles erhalten, was du dir reinen Herzens wünschst, wenn du darum in Liebe bittest. Du hegtest in dir den tiefen Wunsch, die Menschheit, die Erde und dich selbst heilen zu dürfen. Du hegtest den Wunsch, eine wahre, reine Lichtwirkerin, Lichtbringerin zu werden und zu sein.

Daher darfst du dich heute erinnern an die wunderbare Heilkraft *Ancient-Master-Healing*, die du aus der Quelle mitbrachtest und in alten Zeiten beherrschtest und nutztest. Wir bitten dich also von Herzen, als Schüler/in der Weißen Schwestern- und Bruderschaft Heilung, Gesundung und Licht unter die Menschheit zu tragen, indem du selbst dein göttliches Licht täglich neu entfachst, es aufrechterhältst und durch dich selbst nach außen strahlen lässt.

Wir sind zu jeder Zeit an deiner Seite und für dich da, wenn du uns in deine Energie bittest. Und nun bitten wir dich: Öffne dein Herz der Liebe zu dir selbst, wenn du jetzt in die Kraft des *Ancient-Master-Healing* initiiert wirst, die von den alten Meisterinnen und Meistern nach Lemuria mitgebracht und an Atlantis weitergereicht wurde. Es ist die liebende Heilkunst, die du selbst bist und seit Anbeginn der Erdenzeit auf dieser Erde praktiziert hast. Du hast sie nur vergessen in den Wirren der Inkarnationen.

Und nun lass uns jubeln, denn nach langen, langen Zeiten der Entwicklung wieder hin zum Licht der Göttlichkeit ist es endlich wieder so weit, die alten Heilkundigen neu zu erwecken und den Menschen sowie dem Planeten Erde wieder das zu schenken, was immer schon die Essenz eures göttlichen Urwesens war: Das Licht der Liebe in jeder atmenden Zelle zum Schwingen zu bringen, die du mit deinem Sein berührst.

Du lebst in diesen aufregenden Zeiten, in denen hier zu sein du dir erwählt hast. Mutter Erde hat lange für euch den Boden bereitet und darf nun weitergehen. Du weißt es, Gaia, unsere geliebte Schwester, bereitet sich auf ihren eigenen Aufstieg vor, und du bist wieder hierhergekommen, weil du in diesen ergreifenden Zeiten deine Hilfe an dich selbst, an die Erde und an die Menschheit weitergeben wolltest, um Gaia zu unterstützen. Lange hast du gesucht, wohin die leise Stimme in dir wollte, und nun bist du endlich hier in unserer Mitte.

Wisse, die Erde, die Menschheit und auch die Göttin, die all dies geschaffen hat, sie brauchen gerade dich in deinem Licht. Darum ist es nun an der Zeit, dir selbst Heilung und Vollkommenheit zu schenken. Ihr seid nicht getrennt, es scheint nur so. Je lichter du in dir selbst wirst, desto lichter werden dein Umfeld und alle Menschen und Wesen, die deinen Lebensraum teilen. Durch deine Befreiung von alten Verhaftungen, durch die Befreiung von alten Gelübden und auch deines Karmas erlöst du gleichzeitig das Karma aller Seelen, mit denen du karmisch verbunden bist, so, wie sie es mit dir sind. Diese Seelen sind ebenso auf der Suche wie du es immer warst, und du schenkst ihnen hier und jetzt die Freiheit.

Deine Sehnsucht nach Freiheit, nach Befreiung, nach der Erfüllung deiner Bestimmung und Berufung hat dich hierher geführt. Nimm nun hier und heute deine Selbstermächtigung, deine innere und äußere Freiheit in Empfang.

Wir alle sind hier bei dir. Wir begleiten dich, weihen dich und lieben, was du bist. Wir hüllen dich ein in unsere Liebe, in unsere Kraft, in unser Licht und in unser Wissen.

Ich bin Kwan Yin, Sprecherin zu diesem Zeitpunkt. Wir werden dich begleiten, während du jetzt die Heilkunst des *Ancient-Master-Healing* wieder erlernst."

1. Aktivierung der göttlichen Flamme in deinem Herzen

Nimm einige tiefe Atemzüge und lass sie durch deinen Körper fließen. Fühle deinen Atem sanft durch deinen Körper strömen. Entspanne dich und fühle den Atem, der dich mit allem verbindet in dir.

Du bist dein Atem. Du bist reiner Geist, frei von jeder Form, frei von jeder Begrenzung. Du kannst alles ausfüllen. So dehne dich aus. Dehne deinen Geist aus, und während du größer und größer wirst, erfüllst jetzt den gesamten Raum. *(Pause)*

Du dehnst dich noch weiter aus und erfüllst das gesamte Universum. Schau hinunter auf die wundevolle Erde, von der du ein Teil bist, und betrachte dir die Planeten, die Sterne und die Galaxien. Nimm an, was immer sich dir jetzt zeigt.

Nun ziehe dich langsam wieder zusammen. Du wirst kleiner und kleiner. Du bist winzig klein wie ein Stecknadelkopf und wirst noch kleiner. Du befindest dich JETZT in deinem Körper. Schau durch deine geschlossenen physischen Augen hinaus. Nimm wahr, was du siehst, während du nun den gesamten Raum des unendlichen Universums aus deinem Körper heraus betrachtest. Spüre! Du bist im Universum, du bist das Universum, und all das ist in dir.

Bewege dich durch deinen Körper hindurch, nimm dein Innenleben wahr und gehe langsam in dein Herzzentrum hinein. Spüre, wie es sich anfühlt, an deinem Ort deiner Göttlichkeit zu sein.

Lausche hier, an dem Ort der Kraft in dir, dem sanften Klang der unendlichen Liebe deiner Seele. Lausche auf den Gesang deines Herzschlags, auf das Rauschen deines Blutes. Lass dich von der Lebendigkeit erreichen, die das ganze Universum erfüllt. Schau auf und nimm wahr, dass hier, an diesem heiligen Ort in dir, Sananda auf dich wartet. Nimm wahr, wie er dich jetzt sanft in die Arme schließt und spüre die universelle Kraft des Lebens in den Armen von Sananda, die auch deine Kraft ist.

Begib dich jetzt an der Seite von Sananda in die innere Kammer deines Herzzentrums. Und hier stehst du vor deiner wundervollen Dreifaltigen Flamme. Du spürst es hier ganz klar, dass deine heilige Dreifaltige Flamme direkt mit dem Herzen der Göttin und dem Herzen Gottes verbunden war, ist und immer sein wird. Du spürst, dass du hier mit Allem-was-ist tief verbunden bist. Atme tief und erkenne die untrennbare Verbindung mit der Herzensflamme der Göttlichkeit in den Weiten außerhalb der Dimensionen.

Deine heilige Herzensflamme erstrahlt in all ihrer Pracht.

Spüre, wie Sananda mit seinen Händen dein Herzzentrum umfängt und es sanft in deine Göttlichkeit emporhebt. Atme diese Kraft aus seinen Händen durch dein Herz direkt in dein Herz hinein. Fühle, wie die Kraft deiner Dreifaltigen Flamme mit jedem Atemzug kraftvoller und stärker wird in dir. Und so wirst du jetzt, während du atmest, das, was du immer schon warst: Reine göttliche Liebe, vollkommene göttliche Weisheit, kraftvolle Selbstermächtigung und harmonische göttliche Macht.

Betrachte Sananda und spüre, wie er dich jetzt mit liebender Christus-Energie erfüllt. Fühle die Christus-Energie hier im Raum deines Herzzentrums und nimm wahr, wie Sananda diese Energie in deiner Herzensflamme verankert.

Lady Nada tritt zu Sananda in dein Herzzentrum. Lass dich erreichen von ihrer göttlichen Sinnlichkeit, ihrem göttlichen Humor, ihrer Lebensfreude, ihrer Lebendigkeit und fühle, wie sie all diese wundervollen Wesenszüge nun in deinem Herzzentrum verankert und in dir aktiviert. Nimm das Wiedererinnern der urteilsfreien Liebe mit einem tiefen Atemzug in dein Herzzentrum hinein.

Lady Kwan Yin, die zarte Meisterin der Barmherzigkeit und des wahren Mitgefühls, betritt ebenfalls mit ihren Energien den Raum in deinem Herzzentrum. Schau ihr in die liebenden Augen und fühle, wie sie jetzt ihre göttliche, urteilsfreie Liebe und Barmherzigkeit in deiner göttlichen Herzensflamme integriert. Spüre, während du mit einem tiefen Atemzug die göttlichen Qualitäten durch dein Herzzentrum einatmest, wie du erfüllt wirst von Mitgefühl, Barmherzigkeit und weiblicher Kraft.

Neben Lady Kwan Yin nimmst du jetzt Meister Saint Germain wahr. Er umhüllt dich mit der silber-violetten Flamme der Metamorphose deiner Begrenzungen. Jegliche Einschränkung in deinem Denken und Fühlen verlässt dich, während du die Kraft und Energie der Meisterschaft tief einatmest. Betrachte dir Saint Germain und bitte ihn, dir dabei behilflich zu sein, immer auf dem Weg deiner Seele zu wandeln.

Nun erscheint auch Lady Gaia in deinem Herzen. Betrachte dir die wunderbare Göttin dieser Erde. Fühle, wie Lady Gaia jetzt ihre Erdenkraft in deine Fußchakren sendet und diese durch deinen Lichtkanal hinauf in jedes deiner Chakren fließen lässt, bis hinauf zu deinem Tempelchakra und weiter bis zur Quelle von Allem-was-ist. Spüre, wie dieser Energiestrom in deinem Herzen für alle Zeiten verankert ist.

(Nun sprich mir nach.)

„Mein göttliches ICH BIN. Du bist die Kraft, die Flamme, der reinen, ewig göttlichen Quelle des Lichts. Durch dich bin ich auch hier auf Erden mit jeder Herzensflamme in Allem-was-ist auf dieser Erde und im ganzen Universum verbunden. Ich bitte dich, mein geliebtes ICH BIN, finde du mich immer wieder und rufe mich zurück auf meinen Weg, wenn ich dich vergesse, bevor ich dich wieder verliere, damit ich diese Verbundenheit auf Erden zu jeder Zeit integriere.

Lass meinen göttlichen Kern und meine göttliche Kraft sich täglich mehr zeigen und verstärken. Unterstütze mich dabei, mein göttliches Licht täglich mehr und mehr zu erwecken und zu entfalten. Ich bitte meine große Seele, die in der Quelle ruht, ein Teil der Quelle selbst ist: Bitte hilf mir dabei, dass ich mehr und mehr zu meinem wahren ICH BIN erwache. Hilf mir dabei, mich mehr und mehr mit allen Ausdehnungen meiner multidimensionalen Seele zu verbinden und die Weisheit zu sein, die ich als Ganzes bin."

Spüre JETZT, wie die göttliche Kraft in dir klarer wird, wie das göttliche ICH BIN, das du in Wahrheit bist, mehr und mehr durch dein Kronenchakra in dich einströmt. Spüre, wie du mehr und mehr kraftvoll, heil und ganz in dir wirst. Atme tief und bewusst das schimmernde Kristalllicht, aus der Quelle kommend, über dein Kronenchakra in dein Herz hinein.

Sprich nun wieder. Lass deine/n Partner/in nachsprechen.

„Ich bitte euch, geliebte Lady Kwan Yin und geliebte Lady Nada, entfacht die Kraft der urteilsfreien Liebe in meinem Herzzentrum. So kann die Kraft der bedingungslosen Liebe, der Barmherzigkeit, des Mitgefühls mit mir selbst und mit jedem anderen Menschen in meinem Leben walten, zum Wohle aller. Ich fühle die Liebe in mir. Ich bin vollkommene Liebe, vollkommenes Mitgefühl und vollkommenes Verständnis.

Geliebter Jesus-Sananda, bitte aktiviere die Kraft der göttlichen Weisheit in mir, damit die goldene Flamme der liebenden, göttlichen Weisheit sich in meinem Herzen erweitert, sich ständig verstärkt und mich mehr und mehr erfüllt. Ich bin vollkommene, göttliche Weisheit an jedem Tag meines Lebens.

Geliebter Saint Germain, bitte tritt auch du zu mir und verankere fest die Kraft der Selbstermächtigung in meinem Herzzentrum. So kann die göttlich vollkommene Macht, der universelle Frieden und Freiheit von allen Abhängigkeiten in meinem Herzzentrum durch mich auf die Erde strahlen, sich von Tag zu Tag mehr entfalten, damit ich und die Erde in Freude den Frieden erfahren. Ich bin vollkommene, göttliche Selbstermächtigung, Macht und Freiheit.

Ich rufe dich in mein Leben, geliebte Miranlaya, und dich, geliebter Metatron. Bitte verankert in der kommenden Einweihung das reine Licht der Göttlichkeit und das Wissen um meine eigene Größe in mir. Bitte unterstützt mich dabei, dass ich dieses wunderbare Geschenk täglich mehr und mehr in mir aktiviere und aus mir strahlen lasse zur vollkommenen Heilung meiner Welt. Ich bin göttlich.

Ich rufe meine große, multidimensionale Seele, die in der Göttlichkeit ihr Dasein hat. Geliebte Seele, geliebtes ICH BIN, sieh mich in meinem Sein und werde täglich mehr und mehr Teil meines Lebens, damit mein Leben hier auf Erden zu unserem Leben wird, in der Vollkommenheit dessen, was mein Plan war, als ich mich auf die Erde begab. Lass mich mehr und mehr die Vollkommenheit sein, die ich in Wahrheit bin in meiner Verbindung zu dir. Lass mich täglich mehr spüren und leben.

ICH BIN die vollkommene Verkörperung meines Seins.
ICH BIN die vollkommene Gelassenheit.
ICH BIN vollkommener Ausdruck meiner multidimensionalen Seele.
ICH BIN Meister/Meisterin meiner Welt.
So ist es!"

Nun atme tief ein und aus. Spüre die Erfüllung all deiner spirituellen Wünsche und das Stillen der tiefen Sehnsucht nach Vollkommenheit in dir. Fühle, wie du in dir heil und ganz wirst im Licht der Meisterinnen und Meister und der lichtvollen Umarmung von Miranlaya und Metatron. Spüre die Vollkommenheit, die du jetzt gerade bist.

Saint Germain tritt jetzt mit freudigem Lächeln auf dich zu. Er steht vor dir und bittet dich, deine Hände auszustrecken. Halte deine Hände mit den geöffneten Handflächen nach oben, um ein Geschenk in Empfang zu nehmen, das dein wahres Sein verstärken wird.

Er legt einen ätherischen Gegenstand in deine geöffneten Hände. Nimm das Geschenk, das Zeichen deiner Verbindung zu deiner Ganzheit und deiner Weihe, entgegen. Wenn du das Zeichen erkennst und verstehst, dann verankere es in deinem Herzen, indem du beide Hände auf dein Herzzentrum legst. Atme tief, spüre dich, fühle Gott und Göttin in dir strahlend neu erwachen.

Was bedeutet dieses Geschenk, das dir durch Saint Germain überreicht wurde, für dein Leben?

Halte deine geöffneten Handflächen auf dein Herzzentrum. Lass die Energie der jetzt vollkommenen göttlichen Qualitäten deiner Dreifaltigen Herzensflamme, in der deine Gottheit lebendig ist, aus deinem Herzen in deine geöffneten Handflächen fließen. Spüre, wie diese Energie sich mit der Energie, die aus deinen Händen strömt, vermischt, und fühle, wie kraftvoll das göttliche Dual in deinem Herzzentrum atmet und überfließt.

Halte deine Augen geschlossen, während du jetzt aufstehst und vor deinem Stuhl stehenbleibst. Spüre, wie du mehr und mehr mit dem universellen Licht aus der Quelle, das von oben auf dich herabstrahlt, erfüllt wirst. Spüre, wie dein ICH BIN sich immer weiter und tiefer von oben kommend zu dir ausdehnt und dich hier auf deinem Platz erreicht. Spüre, wie es jetzt in dich eintritt und dich bis in dein tiefstes Chakra im Mittelpunkt der Erde durchdringt.

Festige jetzt diese göttliche Energie, die in einem warmen Strahl direkt aus der göttlichen Urquelle strömt, dein ICH BIN durchfließt und erweitert und jetzt in dich herabströmt, in deinem Herzzentrum mit einem golden Band der Liebe.

Lass dieses vollkommene Licht jetzt aus deinem Herzen in deine Arme fließen, weiter in deine Hände und deine Handflächen durchfluten. Nun bestätige laut mit der Kraft deiner göttlichen Seele in dir.

„Ich *(nenne deinen vollen Name)* bin eins mit der göttlichen Urkraft Vater-Mutter-Gott, die alles sind und erschaffen haben, was war, ist und sein wird.

Ich nehme jetzt meine Erbschaft der göttlichen Vollkommenheit, des Reichtums auf allen Ebenen des Seins, in Empfang und verankere meine Göttlichkeit bewusst und voller Freude tief in meinem Herzen. Ich bin eins mit der heiligen, vollkommenen Synthese von Schöpferin und Schöpfer von Allem-was-ist. Jetzt und immerdar! ICH BIN göttlich! ICH BIN ein vollkommener Ausdruck der Verbindung mit Allem-was-ist.

So ist es!"

2. Integration deiner Seele und deiner Seelenanteile

Erwecken der göttlichen Heilkraft

Halte deine geöffneten Hände auf dein Herzzentrum. Spüre die neu erwachte, göttliche Kraft in deinem Herzen, verstärkt mit der soeben empfangenen höchsten göttlichen Energie und lass diesen Strom der Kraft in deine geöffneten Hände fließen.

Wenn du spürst, dass deine Hände diese Energie integriert haben, die Energie aus deinen Händen strömt, dann hebe deine Hände hoch über deinen Kopf und empfange das Licht direkt aus der Urquelle in deinen Händen. Spüre, wie die Energien sich in deinen Händen verstärken, konzentrieren und deine Handchakren reinigen.

Schaue mit geschlossenen Augen hinauf in das Licht und nimm den Kanzler des Lichts, METATRON, und die Kanzlerin des Lichts, MIRANLAYA, wahr. Diese vollkommene physische Manifestation der Göttlichkeit entstammt in erster Linie direkt der reinen Quelle der Liebe und des Lichts. Spüre, wie METATRON und MIRANLAYA jetzt das göttliche Licht formen, so dass es genau der Energie entspricht, die heute deinem höchsten Wohl und deiner Vervollkommnung dient.

Die beiden vollkommenen Abbilder der Urquelle des Lichts breiten jetzt ihre Hände aus. Sie reichen zu dir hinunter und halten ihre ätherischen Hände deinen Händen entgegen. Spüre, wie deine Hände jetzt mit dem Kristalllicht der göttlichen weiblichen und männlichen Urquelle erfüllt werden. Nimm wahr, wie die beiden Strahlen aus den Händen von Miranlaya und Metatron sich auf dem Weg zu dir in vollkommener Harmonie vereinen und nun … fühle oder spüre, wie das Licht deine Hände erreicht. Fühle, wie deine Handchakren sich tränken und sich vollkommen mit diesem kraftvollen, heilenden Licht der alles umfassenden Gottheit füllen. Fühle, wie deine Handchakren sich aktivieren, wie sie pulsierend die vollkommene Synthese der liebenden weiblichen und männlichen Schöpferkraft in sich aufnehmen, bis sie gänzlich mit dem vollkommenen Kristalllicht, das alle Qualitäten der weiblichen und männlichen reinen Gottheit vereint, der Quelle selbst verschmelzen.

Wenn deine Hände erfüllt sind von der alles heilenden Energie, dann lege deine Hände auf dein Herzzentrum, lass die Energie aus deinen Händen in dein Herz einströmen und erfülle aus deinen Händen dein Herz mit Selbstheilung, Selbstliebe, Selbstermächtigung und der Erkenntnis, dass du eins bist mit Allem-was-ist.

Nimm wieder die physischen Manifestationen des Lichts, den wunderschönen Metatron und die kraftvoll strahlende Miranlaya, wahr. Fühle, wie sie das Kristalllicht von der höchsten göttlichen Ebenen JETZT durch dein ICH BIN, durch deine Seele, durch all deine höheren Chakra-Verbindungen zu deinem Tempelchakra und weiter in dein Kronenchakra senden.

Wenn du bereit bist, alles, was dir gehört, zu empfangen, dann atme dieses Licht durch dein Kronenchakra ein.

Spüre dabei, wie das göttliche Kristalllicht deinen Lichtkanal weitet und heilt. Atme ganz tief und ziehe mit deinem Atem das göttliche Licht deinen Lichtkanal hinunter. Lass sich dann so, wie ich es dir gleich erklären werde, jedes Chakra nach und nach klären, sich ausdehnen und nach und nach auf vollkommene Art heilen und sich mit den anderen Chakren verbinden.

Beginne mit deinem Kronenchakra. Nimm wahr, wie die Energie dein Kronenchakra vollkommen ausfüllt, wie dein Kronenchakra sanft pulsiert, sich weitet, erweitert, vergrößert, wie es sich nach oben ausdehnt, mit deinem Tempelchakra verschmilzt, und atme die Energie nun zu deinem Stirnchakra hinunter. Verfahre immer wieder auf die gleiche Art und Weise. Nimm wahr, wie die göttliche E-nergie dein Stirnchakra vollkommen ausfüllt, wie dein Stirnchakra sanft pulsiert, sich weitet, erweitert, vergrößert, wie es sich nach oben ausdehnt und mit deinem Kronenchakra verschmilzt. Spüre, wie deine höheren Chakren, dein Tempelchakra, dein Kronenchakra und dein Stirnchakra nun eine heile, heilende Einheit sind, und dann ... atme das göttliche Kristalllicht weiter zu deinem Kehlchakra hinunter. Spüre es pulsieren, sich erweitern, klären, ausdehnen und mit den oberen verbunden Chakren zu einer Einheit verschmelzen.

Atme das göttliche Kristalllicht weiter zu deinem Thymuschakra. Verfahre gleich, bis es sich mit den oberen Chakren verbunden hat.

Atme weiter das göttliche Kristalllicht in dein Herzzentrum hinein. Spüre, wie dein Herzzentrum sich sanft ausdehnt und mit dem Thymuschakra eine liebende Einheit als Brücke der Liebe mit dem Kehlchakra bildet.

Und weiter atmest und vereinigst du jetzt deinen Solarplexus mit deinem Herzzentrum und den höheren Chakren.

Atme und ziehe das göttliche Kristalllicht noch tiefer hinunter, bis in dein Nabelchakra. Spüre es. Fühle die Gegend um deinen Nabel herum sich aktivieren, pulsieren, heilen und sich sanft nach oben ausdehnen. Spüre, wie es sich mit dem Solarplexus verbindet und sich sanft in die vereinigten Chakren oberhalb integriert.

Atme weiter, immer tiefer in dich hinein das göttliche Kristalllicht in dein Sakralchakra. Atme die Harmonie, die Lebensfreude und deine Schöpferkraft tief in dieses Chakra hinein und verbinde es mit den oberen Chakren.

Atme weiter und verfahre gleich mit deinem Wurzelchakra, bis es sich gereinigt, geheilt und kraftvoll pulsierend mit den höheren Chakren verbindet.

Atme noch einmal ganz bewusst die göttliche Kraft aus der Quelle kommend, von Miranlaya und Metatron gelenkt. Spüre, wie sie deine höheren Chakren durchfließt, dein Chakrasystem verbindet, bis in dein Wurzelchakra hinein. Fühle, wie du mehr und mehr ausgefüllt, erfüllt und heil in dir wirst.

Halte nun deine Hände an dein Wurzelchakra. Die dominante Hand hinten, und die andere vor den Körper. Das Wurzelchakra ist das einzige Chakra, das sich nach hinten öffnet. Lass nun diese Kraft, die jetzt mit deiner Energie angereichert ist, durch dein Wurzelchakra in deine Hände fließen. Wenn deine Hände angefüllt sind mit dieser kraftvollen Energie, die nun deine eigenen Qualitäten in sich hält, dann hebe diese Kraft hoch über dein Kronenchakra. Reiche sie hinauf zur Göttin und zu Gott, die liebenden Schöpfer von Allem-was-ist.

Wenn dein Energiestrahl, der aus deinen Händen strömt, die höchsten Ebenen erreicht, dann spüre den Energieaustausch mit der Quelle. Spüre, wie heilende Schöpferkraft von oben durch dein ICH BIN von oben fließt und sich noch einmal mit der neuen Kraft in deinen Händen verbindet. Fühle, wie das höchste göttliche Licht dein eigenes inneres Licht in deinen Händen intensiviert. Spüre, dass deine Hände nun ganz und gar rein und aufnahmebereit sind, um in göttliche Heilkraft verwandelt zu werden. Atme tief und spüre die Reinheit und Klarheit deiner Energien und deiner Hände.

Halte jetzt deine geöffneten Hände – Handflächen nach vorne – in Brusthöhe vor deinen Körper. Spüre, wie jetzt Sananda vor dich tritt. Schaue in seine liebenden Augen. Nimm wahr, wie er JETZT seine Handflächen auf deine legt. Spüre seine Gegenwart, fühle seine ätherischen Hände auf den deinen. Atme sanft und nimm den Energiestrom aus Sanandas Händen wahr. Atme durch deine Handflächen die Heilkraft des Christusbewusstseins ein und fühle, wie Jesus Sananda JETZT die göttlich, liebende Heilkraft in dich einfließen lässt und auf dich überträgt. Spüre in deine Hände hinein. Fühle jetzt die Heilkraft durch Sananda in deine Hände einfließen.

Begleiter/in versiegle die Energie, indem du Sanandas Symbol in die Aura der einzuweihenden Person zeichnest.

Bleibe in Kontakt mit Sananda, der seine Hände auf den deinen lässt und die Heilkraft auf dich überträgt.

Lady Kwan Yin tritt jetzt ebenfalls an deine Seite, um deine Einweihung zu erweitern. Sie legt sanft ihre Hände auf dein Herzzentrum. Spüre ihre ätherischen Hände federleicht auf dir ruhen. Atme nun durch dein Herzzentrum, in das Kwan Yin jetzt die Energie des vollkommenen Mitgefühls, der Barmherzigkeit und der weiblichen Liebeskraft einfließen lässt. Spüre Sanandas Hände auf deinen Händen. Spüre Kwan Yins Hände auf deinem Herzzentrum. Fühle die Kraft der göttlichen Liebe.

Versiegle die Energie, indem du Kwan Yins Symbol in die Aura zeichnest.

Bleibe in Kontakt und nimm wahr, wie Lady Nada nun an deine andere Seite tritt. Atme ihren Duft in dich ein und fühle, wie Lady Nada eine Hand auf dein Thymuszentrum und die andere auf dein Stammhirn gegenüber dem vorderen Kehlchakra legt. Fühle sie, atme sie und erlaube Lady Nady, göttliche Sinnlichkeit, göttlichen Humor und göttliche Lebens- und Kommunikationsfreude in dich zu integrieren. Nimm die Energien, die Lady Nada dir nun überreicht, mit einem freudigen Lächeln in dich auf.

Versiegle die Energie, indem du Lady Nadas Symbol in die Aura zeichnest.

Bleibe weiterhin mit den dreien in Kontakt, denn jetzt tritt Saint Germain hinter dich. Spüre seine Präsenz und erlaube ihm, seine Hände über dein Kronenchakra zu halten, damit er die Kraft der violetten Flamme der Freiheit auf dich übertragen kann. Spüre die Energie der göttlichen Transformation über deinem Kronenchakra und atme sie ganz bewusst in dich ein. Saint Germain verankert die silber-violette Flamme der Freiheit und der Transformation ganz fest in dir.

Versiegle die Energie, indem du Saint Germains Symbol in die Aura zeichnest.

Sananda steht vor dir. Seine Hände liegen sanft und Heilung spendend auf den deinen. Kwan Yin steht an deiner Seite und schenkt dir Mitgefühl und Barmherzigkeit in dein Herzzentrum hinein. Lady Nada steht auf der anderen Seite, sie heilt dein Thymusszentrum und dein Kehlchakra. Saint Germain steht hinter dir und sendet die Freiheit der Selbstermächtigung in dein Kronenchakra. Bleibe in Kontakt.

Nun spürst du unter deinen Füßen die wunderbare Energie von Lady Gaia. Atme und erlaube Lady Gaia, die Integration deiner Verbundenheit mit Mutter Erde zu vervollkommnen. Spüre sodann, wie Lady Gaia durch deine Fußchakren die Kraft der Erde deinen Lichtkanal hinaufleitet, sie durch dein Herzzentrum hindurch in deine Hände sendet und diese mit der Kraft der Göttin der Erde auflädt.

Versiegle die Energie, indem du das Symbol von Gaia in die Aura zeichnest.

Atme tief und empfange die Übertragung der Energien.

Nun stehe wieder gerade vor deinem Stuhl, mit geöffneten Handflächen nach vorne.

Während die Meisterinnen und Meister weiterhin ihren Kreis um dich bilden, spüre die neue Kraft der Göttlichkeit in dir. Lass die Energie in deinen Chakren zirkulieren, von deinem Herzzentrum ausgehend in deine Hände strömen.

Atme tief und nimm noch einmal die Kraft der göttlichen Urkraft durch dein Kronenchakra in dich auf.

Lass sich all diese Kräfte jetzt vereinen und deinen gesamten Lichtkanal durchströmen.

Sammle diese neue Kraft in deinem Herzzentrum und erfülle sie mit deinem eigenen, ganz neuen Leuchten.

Nun leite die Energie, von deinem Herzen ausgehend, über deine Arme in deine Hände. Sammle die Energie in deinen Fingern, öffne die Chakren deiner Fingerspitzen und lass die göttliche Kraft an deinen Fingerspitzen heraustreten.

Spreize die Finger, während die Energie dich durchdringt und an deinen Fingerspitzen wieder austritt.

Hebe deine Arme mit geöffneten Handflächen und gespreizten Fingern zum Himmel empor. Lass JETZT deine neu integrierte göttliche Kraft durch dein ICH BIN nach oben strahlen und somit einen nie mehr endenden Kreislauf von Licht, von dir zur Quelle allen Seins – durch Metatron und Miranlaya gelenkt –, von der göttlichen Quelle zu dir zurückkehren. Spüre jetzt, wie der Strahl aus der Urquelle allen Seins, durch all deine höheren Chakren geleitet, in dein Kronenchakra eindringt.

Dieses göttliche, heilende, liebende Licht erreicht dein Herzchakra, fließt über deine Arme in deine Hände, strömt durch deine Handflächen an deinen Fingerspitzen hinaus, wie ein weicher und kraftvoller Laserstrahl. Fühle die Kraft dieses Laserstrahls aus reinem göttlichem Kristalllicht. Du kannst die Kraft dieses Lasers jederzeit regulieren – je nachdem, wie du ihn benötigst.

Bringe nun deine Hände zu deinem Herzzentrum zurück und sprich mir nach:

„Ich danke für die Gnade der Rückkehr in das Licht, das ich bin. Ich danke für die Befreiung aus meinem Gefühl der Getrenntheit. Ich danke für die urteilsfreie Liebe, die ich hier und heute neu erfahren darf. Ich werde mich von heute an all der gnadenvollen Liebe würdig erweisen, indem ich mich selbst bedingungslos annehme und liebe und diese Liebe täglich an Alles-was-ist weitergebe."

Spüre die neue Kraft in deinen Händen und in deinen Fingerspitzen und bestätige kraftvoll:

„ICH BIN göttlich und gesegnet durch die vollkommene Synthese von Vater-Mutter-Gott. Der Vater, die Mutter und ich sind eins.

Große Göttin, ich danke dir, dass du in mir und ich in dir die Universen erschaffen und mich in diese wundervollen Welten in allen Universen entlassen hast, damit ich erkennen kann, wie wunderbar meine Göttlichkeit in Wahrheit ist.

Denn nun habe ich erkannt: In aller Dunkelheit, die mich jemals umgab, wurde Licht. Das Licht erhellt die Dunkelheit, und nun weiß ich es:

ICH BIN göttlich!
ICH BIN göttlich!
ICH BIN göttlich!"

Wir kommen nun zur Heilung und Integration deines Lichtkanals, damit du eine lebende Verbindung zwischen Himmel und Erde bist. Die Voreinweihung durch die Meisterinnen und Meister erlaubt dir nun, deine spirituelle Heilung selbst vorzunehmen. Diese Energieübertragung solltest du auch in der nächsten Zeit immer wieder durchführen, damit du mehr und mehr in dein inneres Licht eintauchen kannst.

3. Aktivierung der Chakren und Öffnung des Lichtkanals

Spüre die neue kraftvolle Energie in dir, in deinen Händen, in deinen Füßen. Spüre die Fülle in deinem Sein und atme das Leben in dich ein. Sei das Leben selbst, in seiner ganzen Vielfältigkeit.

Nimm wahr, wie perlmuttfarben schillerndes Kristalllicht eine Säule bildet, die zu dir hinabreicht, dich durchdringt, dich umhüllt und eine neue strahlende Aura entstehen lässt. Erlaube dem alles heilenden Schöpferlicht, durch dein ICH BIN, durch deine Seele, durch deine höheren Körper, durch dein Tempelchakra in dein Kronenchakra zu fließen und mit sanfter Kraft deinen Lichtkanal zu heilen, zu erweitern und gleichmäßig zu dehnen.

Spüre, wie dein Kronenchakra sich weitet, bis es etwa die Größe deines Kopfumfangs hat. Halte deine geweihten Hände über dein Kronenchakra. Lass die *Ancient-Master-Healing*-Energie aus deinen Händen in dein Kronenchakra fließen und spüre, wie dein Kronenchakra sich vollkommen erweitert. Nimm wahr, wie es mehr und mehr erwacht, wie es erstrahlt. Das höchste Wissen liegt nun vor dir, und du kannst zu jeder Zeit deine Weisheit aktivieren.

Nimm wahr, wie das Licht aus der Urquelle, durch Metatron und Miranlaya gelenkt, deinen Lichtkanal weiter hinunterfließt und dein Drittes Auge erreicht. Spüre, wie dein Lichtkanal sich klärt und erweitert. Lege deine heilenden Hände auf dein Stirnchakra. Lass die *Ancient-Master-Healing*-Energie in dein Drittes Auge fließen, spüre, wie es heil und weit, offen und mit deinem Lichtkanal eins wird. Dein Stirnchakra erstrahlt in einem wunderbar warmen Weiß-Gold. Es ist nun bereit für die höhere Sicht.

Spüre, wie das vollkommene Licht der Urquelle, durch Metatron und Miranlaya gelenkt, deinen Lichtkanal weiter hinunterfließt und jetzt dein Kehlchakra erreicht. Spüre, wie dein Lichtkanal sich harmonisch weitet, und lege deine Hände auf dein Kehlchakra. Lass die *Ancient-Master-Healing*-Energie in und durch dein Kehlchakra fließen. Spüre, wie es in vollkommener Göttlichkeit erstrahlt und mit deinem Lichtkanal eins wird. Nimm wahr, wie dein Kehlchakra in klarem Kristalllicht erstrahlt und die höchste Kommunikation mit der sichtbaren und der unsichtbaren Welt nun dein ist.

Fühle, wie das Licht aus der Urquelle, durch Metatron und Miranlaya gelenkt, deinen Lichtkanal immer weiter hinunterfließt und jetzt dein Thymuszentrum erreicht. Fühle dabei, wie dein Lichtkanal sich weitet, und lege auch deine Hände vorn auf deinen Thymus. Fülle dein Thymuschakra mit der *Ancient-Master-Healing*-Energie und fühle dabei, wie kraftvoll es pulsiert, während es jetzt mit deinem Lichtkanal EINS wird. Nimm wahr, wie es in einem klaren, warmen Farbton erstrahlt und wie die Brücke der Liebe zwischen Herz- und Kehlchakra in dir lebendig wird.

Spüre, wie das Licht aus der Urquelle, durch Metatron und Miranlaya gelenkt, deinen Lichtkanal weiter hinunterwandert und dein Herzchakra erreicht. Atme und fühle, dass dein Lichtkanal sich weitet. Lege deine Hände auf dein Herzchakra und lass die *Ancient-Master-Healing*-Energie aus deinen Händen in und durch dein Herzchakra fließen. Spüre dabei, wie es sich dreht und ausdehnt, bis es ganz und gar mit deinem Lichtkanal vereinigt ist. Nimm wahr, wie dein Herzzentrum mehr und mehr in einem klaren, warmen goldfarbenen Licht erstrahlt und bedingungslose Liebe in ihrer höchsten Qualität in dir erwacht.

Metatron und Miranlaya lenken liebevoll das göttliche Licht weiter deinen Lichtkanal hinunter. Es erreicht nun deinen Solarplexus, zu dem auch deine Hände wandern. Fühle, wie der Lichtkanal sich weitet und schenke du selbst durch deine Hände deinem Solarplexus die Kraft von *Ancient-Master-Healing*. Lass die *Ancient-Master-Healing*-Energie in deinen Solarplexus fließen. Nimm wahr, wie auch dieses Zentrum sich durch die Kraft deines Selbst klärt und strahlt und du die Macht über dich selbst in Empfang nimmst. Selbstermächtigung ist das, was du nun annimmst.

Metatron und Miranlaya lenken liebevoll das göttliche Licht weiter deinen Lichtkanal hinunter. Es erreicht nun dein Nabelchakra, zu dem auch deine Hände wandern. Fühle, wie dein herrlicher Lichtkanal sich weitet und schenke du selbst durch deine Hände deinem Nabelchakra die Kraft von *Ancient-Master-Healing*. Lass die *Ancient-Master-Healing*-Energie in dein Nabelzentrum fließen. Nimm wahr, wie auch dieses Zentrum sich durch die Kraft deines Selbst klärt und strahlt. Spüre, wie du erfährst, dass du fest mit der Quelle verbunden bist.

Die göttliche Kraft aus der Urquelle, durch Metatron und Miranlaya gelenkt, fließt weiter sanft und heilend deinen Lichtkanal hinunter und erreicht dein Sakralchakra. Spüre die Heilung und Erweiterung deines Lichtkanals, der nun deinen Körper erfüllt. Lege deine Hände auf dein Sakralchakra und sende die *Ancient-Master-Healing*-Energie in dein Sakralchakra. Spüre dabei, wie es vollkommen in dir erstrahlt und hell in dir leuchtet. Fühle jetzt, wie göttliche Lebensfreude, Sinnlichkeit und Heilung aller Wunden in dir dein inneres Wissen wird.

Lass weiter das Licht aus der Urquelle, durch Metatron und Miranlaya gelenkt, deinen Lichtkanal hinunterströmen und dein Wurzelchakra erreichen. Schenke deinem Wurzelchakra zusätzlich die Kraft der *Ancient-Master-Healing*-Energie und spüre, wie es in dir warm pulsiert, die Kundalini sanft erwacht, um sich deiner wachsenden Entwicklung entsprechend zu entwickeln und du zum Meister deines Universums wirst.

Das göttliche Licht aus der Urquelle wird nun deine Bewegungschakren heilen und findet, durch Metatron und Miranlaya gelenkt, durch deinen Lichtkanal hinunter deine Kniechakren. Bleibe ganz gerade stehen, damit der Lichtkanal deine Brücke zur Quelle bleibt. Sende *Ancient-Master-Healing*-Energie in deine Kniechakren, indem du dir den Fluss aus deinen Händen vorstellst. Nimm wahr, wie sie sich ausdehnen und sich miteinander verbinden. Während dieser Heilung fühlst du, wie Demut vor der Größe deiner eigenen Seele und all deiner Schöpfungen zu deiner zweiten Natur wird.

Spüre das Licht aus der Urquelle, durch Metatron und Miranlaya gelenkt, deinen Lichtkanal noch weiter hinunterfließen und deine Fußchakren erreichen. Fühle, wie dein Lichtkanal sich weitet und bis zu deinen Fußzentren reicht. Lass die *Ancient-Master-Healing*-Energie in deine Fußzentren fließen und spüre, wie sie zu pulsieren beginnen. Nimm wahr, wie sie sich weiten, sich ausdehnen und eins werden. Fühle, wie du jetzt fest auf der Erde stehst und sie als Energie deines Selbst erfährst.

Atme tief und fühle, wie das Licht aus der Urquelle, durch Metatron und Miranlaya gelenkt, deinen Lichtkanal weiter hinunterwandert und dein Erdchakra – dein Verankerungschakra – in der Erde unterhalb deiner Füße erreicht. Fühle, wie dein harmonisch erweiterter Lichtkanal es umfasst, sende auch die Energie aus deinen Händen zu deinem Verankerungschakra. Lass die *Ancient-Master-Healing*-Energie in dein Verankerungschakra fließen und spüre, wie es sich zu dir ausdehnt. Nimm wahr, wie du dich fest verwurzelt fühlst und du dir nun deiner wahren Bestimmung bewusst wirst: Ja, wie du selbst deine Bestimmung wirst.

Und noch weiter senden Metatron und Miranlaya das göttliche Licht deinen Lichtkanal hinunter, bis zum Mittelpunkt der Erde. Dein Lichtkanal weitet sich harmonisch. Er dehnt sich aus, reicht tiefer und tiefer, und du fühlst dich jetzt in einer direkten Verbindung mit Mutter Erde und Vater Himmel integriert. Richte deine Handflächen zu deinem Kraftzentrum im Mittelpunkt der Erde und lass die

Ancient-Master-Healing-Energie in deine wichtigste Erdverbindung fließen. Hier ist dein ganz persönliches Kristalllicht verankert. Hier ist deine Bestimmung begründet und dein Beitrag am Aufstieg der Erde verankert. Nimm wahr, wie der Diamant am Ende deines Lichtkanals jetzt von diesem umfasst und umhüllt wird, während er in klarem, warmen Kristallklar erstrahlt. Schau zu, wie er größer und schöner wird. Nimm wahr, wie dein ganz persönlicher Diamant, der mit allem verbunden ist auf dieser Erde, erstrahlt und wächst, bis er mit deinem Verankerungschakra verschmilzt.

Atme und nimm all diese wunderbar, kraftvollen Energien tief in dich auf. Lausche nach innen und spüre in deine Fußzentren, die in einem warmen Strom mit deinem Diamanten verbunden sind. Lausche in deine Füße und spüre deinen ganz eigenen Ton, deinen Erdenton, der direkt aus deinem Kraftzentrum im Mittelpunkt der Erde deinen Lichtkanal hinauf in dich einströmt.

Lass die Energie aus deinem Stern der Erde deinen Lichtkanal hinaufströmen und über dein Herzzentrum in deine Hände fließen. Beginne nun sanft, deinen Erdenton zu zelebrieren. Wenn er sanft über deine Lippen fließt, bringe mit beiden Händen deine ganz eigene Erdenergie mit deinem Erdenklang hoch über deinen Kopf. Bringe dein physisches Sein und deinen Erdenklang der göttlichen Quelle zum Geschenk deines Seins auf der Erde an dich selbst.

Empfange dann die reine Kraft der göttlichen Urkraft aus den Sphären der Göttlichkeit in deinen Händen. Fühle die dauerhafte Verbindung zwischen dir und der Quelle. Nun lege deine Hände wieder auf dein Herzzentrum und lass dich mit geschlossenen Augen auf deinem Stuhl hinter dir nieder.

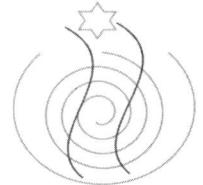

Wiedererwecken der mystischen Drüsen des Körper-Systems

Verbinde dich über dein Kronenchakra mit der Göttlichen Kraft. Bringe diese Kraft durch all deine Zentren, durch all deine Chakren in den Mittelpunkt der Erde zu deinem Erdenstern. Lass die Kraft der Göttin mit der Kraft Gottes eins werden. Aus dem Inneren der Erde ziehe die Energie herauf in dein Herz. Spüre den ununterbrochenen Fluss von oben und unten. Spüre, wie du mit Gott und Göttin in einer Einheit verschmilzt. Von deinem Herzen ausgehend lass die erweckte *Ancient-Master-Healing*-Energie in deine Hände fließen. Spüre in dich hinein. Finde den Ort der göttlichen Kraft in deinem Herzzentrum und lass deinen dir ganz eigenen Seelenton, der nun erweitert ist durch deinen Erdenklang, sanft in dir aufsteigen. Lass diesen vollkommenen Ton jetzt sanft und klangvoll über deine Lippen fließen und die Vibration des Klangs aus deinen Handflächen ausströmen.

Lege eine Hand sanft auf deine Stirn auf dein Drittes Auge und deine andere Hand leicht in den Nacken an die Schädelbasis. Spüre die unerweckten spirituellen Drüsen in deinem Kopf. Verbinde deinen Klang mit der Ancient-Energie in deinen Händen und lass beides aus deinen Händen in dein Drüsensystem einfließen.

Die Epiphyse (Hirnanhangdrüse) hat ihren Sitz hinter dem Thalamus. Der Thalamus wird auch „das Tor zum Bewusstsein" genannt (Gehirnbasis), Hypophyse und Hypothalamus befinden sich etwa in der Mitte des Kopfes, in Höhe hinter den Augen. Der Hippocampus, der zuständig ist für die Kommunikation mit höheren Bewusstseinsebenen, sitzt etwa in der Mitte des Kopfes am Ende des Schläfenlappens. Diese Region gilt auch als der Sitz des freien Willens. Daher sei dir bewusst, dass du hier auch deine Fähigkeit, vollkommen deinen freien Willen zu nutzen, erweckst. Erst dann, wenn dein Drüsensystem wieder aktiviert ist, kann deine Bestimmung sich völlig entfalten. Die Tätigkeit deiner spirituellen Drüsen erreicht dann jede deiner Zellen. So kann sich dein gesamtes Körpersystem verjüngen und vollkommen gesunden, weil Licht in jede Zelle integriert wird.

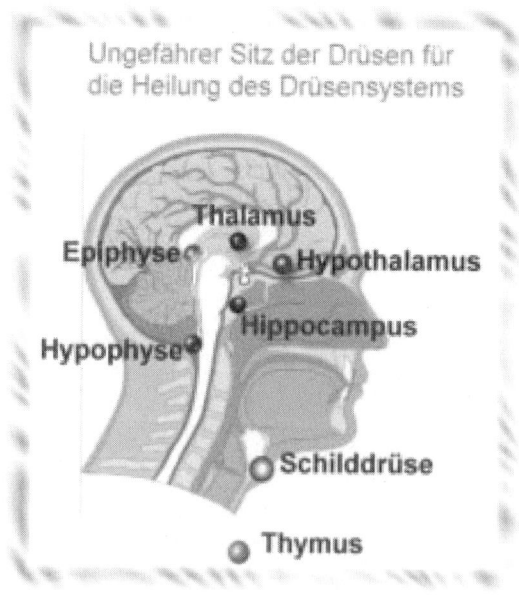

Ungefährer Sitz der Drüsen für die Heilung des Drüsensystems

Thalamus
Epiphyse
Hypothalamus
Hippocampus
Hypophyse
Schilddrüse
Thymus

Sprich oder, besser noch, singe jetzt laut mit deinem vereinigten Klang:

„Mein Drüsensystem wird JETZT durch die Kraft der Allmacht des Lichts der Schöpfung neu aktiviert, geheilt, erweitert und erneuert. Diese Aktivierung geschieht durch das Licht der einen Schöpferurquelle und der Liebe von Gott Mutter, die sich in mir als *Ancient-Master-Healing* Kraft manifestiert. Sie wird durch den Ton meiner eigenen Seele mit meinem Erdenton, meinem ganz eigenen Klang, individualisiert und dient zur Erweckung meines schlafenden Potenzials. Mein Drüsensystem wird zu dem Zustand geführt, den es besaß, bevor der Schleier sich über mich senkte. Es führt mich zurück zur vollkommenen Einheit mit meiner eigenen Göttlichkeit, die meine wahre Natur war, ist und bleibt. Alle Drüsen meines physischen Körpers sind ab sofort wieder mit meiner multidimensionalen Seele verbunden und erfüllen ihre Aufgabe, mich mit der spirituellen Führung meines Seins zu verbinden, in vollkommener Art und Weise.

ICH BIN aus der Quelle!
ICH BIN in der Quelle!
ICH BIN göttlich!"

Reiche nun der einzuweihenden Person ihr Glas Diamant-Wasser, indem du sanft eine Hand von der Stirn nimmst, ohne zu stören. Wenn sie das Glas in der Hand hält, sprich weiter…

Nimm nun einen Schluck deiner Diamant-Essenz und lass die Essenz des geheiligten Wassers in dein gesamtes Drüsensystem einfließen.

Wenn dein/e Freund/in getrunken hat, dann nimm ihr oder ihm dann das Glas wieder weg und stelle es auf den Altar zurück. Sprich weiter:

Lass die *Ancient-Master-Healing*-Energie und deinen vereinigten Seelenton so lange wie nötig durch dein Drüsensystem fließen.

Stelle dir jetzt die Verbindung deiner spirituellen Drüsen durch die Kristalllichtenergie so vor, als wären sie mit einem Lichtband verbunden. Lass die Kraft deiner Hände so lange fließen, bis die Verbindung der Drüsen mit deiner Energie fest ist. Gib mir ein Zeichen, wenn das geschehen ist.

Nimm nun deine Hände zurück an dein Herzzentrum. Lege deinen Kopf tanz tief in den Nacken. Nimm Metatron und Miranlaya wahr, die einen vereinigten, intensiven Lichtstrahl in dein Stirnchakra senden. Atme das Licht in dein Stirnchakra ein und nimm wahr, wie es sich jetzt mit deinem Drüsensystem verbindet, hinunterwandert zur Schilddrüse und dann weiter zum Thymuszentrum. Spüre, wie das Licht der vollkommenen Synthese der Göttlichkeit selbst es ist, das jetzt deine Drüsen erweckt, klärt, erweitert und eine beständige stabile Verbindung erschafft.

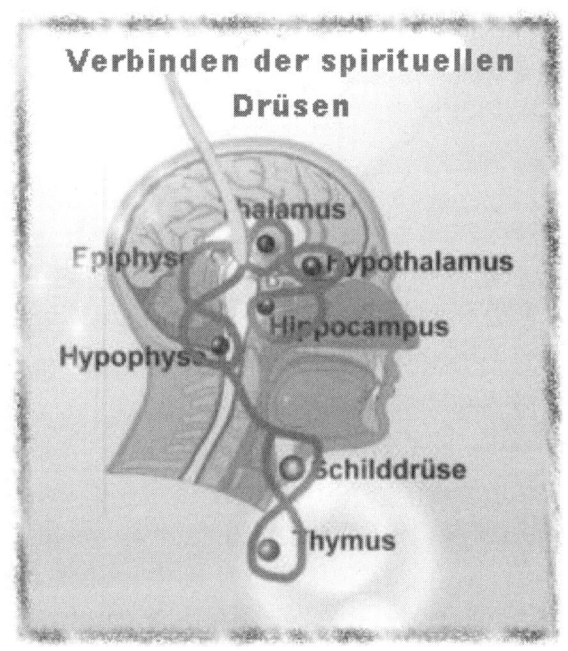

Verbinden der spirituellen Drüsen

Thalamus

Epiphyse

Hypothalamus

Hippocampus

Hypophyse

Schilddrüse

Thymus

Siehe jede einzelne deiner heiligen Drüsen jetzt in einem klaren Licht erstrahlen und sich ausdehnen, bis sie einander berühren und ihrer ursprünglichen Aufgabe wieder gerecht werden.

Spüre die göttliche Energie so lange durch dein Stirnchakra einfließen, bis alle diese Drüsen einschließlich der Thymusdrüse miteinander verbunden sind und ein unlösbares Lichtband bilden.

Nun nimm deinen Lichtkanal wahr. Nimm wahr, wie er aus dem Mittelpunkt der Erde eine harmonische Lichtbrücke bis zur Quelle bildet. Singe deinen Ton, aus der Erde kommend bis hinauf zur Quelle, und fühle, wie dein Drüsensystem sich, mit dem Ton und dem Licht verbunden, in deinem Lichtkanal verankert.

Wiederhole diese Behandlung nun mit deiner Leber, deinen Nieren und Nebennieren, deiner Bauchspeicheldrüse, deiner Milz und mit deinen Geschlechtsdrüsen. Verbinde das ganze System miteinander. Atme in dein Drüsensystem und fühle die vollkommene Aktivierung in dir.

Bestätige laut: „Diese neue Lichtquelle in mir hat mein volles Leistungsvermögen reaktiviert und erweitert sich täglich mehr. Mein physischer Körper ist jetzt der heilige Tempel eines wahren Erben des Reichtums der Quelle. Ich bin ein vollkommener Teil der göttlichen Schwestern und Brüder und arbeite auf allen Ebenen meines Seins in harmonischer göttlicher Meisterschaft."

Atme tief ein und aus und sprich:
„Mein physischer Körper ist ein vollkommener Tempel meiner Göttlichkeit. ICH BIN ein vollkommenes Abbild von Mutter/Vater Gott. ICH BIN meine Seele, Meister/in meines Seins. Ich bin meine vollkommene Bestimmung."

Nimm nun langsam deine Hände vom Körper. Bringe sie zuerst mit geöffneten Handflächen nach oben, tanke Energie durch dein Kronenchakra über dein Herzzentrum in deine Hände und halte sie dann über den Boden, um dich noch einmal mit der Kraft von Lady Gaia zu verbinden. Lass auch diese Energie in dein neues Drüsensystem einfließen und fühle dich als lebender Kanal zwischen Himmel und Erde.

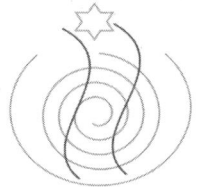

DNA-Heilung

Lass *Ancient-Master*-Energie in deine Hände fließen. Hebe deine Hände zur Quelle allen Seins empor und sprich:

„ICH *(nenne deinen vollen Namen)* bin vollkommen eins mit der Quelle allen Lebens. Ich bin in der Quelle des Lichts, und die Quelle ist in mir!"

Spüre *Ancient-Master-Healing* über deine Arme in deine Hände fließen und aktiviere das Kristalllicht in deinen Fingerspitzen. Zeichne dann mit gespreiztem Zeige- und Mittelfinger, aus denen du das Laserlicht fließen lässt, vor deinem Körper beim Verankerungschakra beginnend zum Kopf, bis hinauf zu deiner multidimensionalen Seele, eine Doppelspirale aus Licht um dich herum und durch dich hindurch. Stell dir dabei deine vollkommene DNA in jeder deiner Zellen aus Licht vor. Nimm wahr, wie das Kristalllicht deinen Körper durchdringt, ihn in Licht badet, dabei jede Zelle und deine DNA heilt. Beginne bei deinen Füßen, ohne dich zu bücken. Zeichne diese Doppelspirale in, um und durch dich hindurch, bis hinauf zu deiner ICH-BIN-GEGENWART. Singe deinen vereinigten Erden-Seelenton, der Gott Mutter und Vater Gott in dir repräsentiert, diese Spirale entlang hinauf und wieder zurück bis zum Verankerungschakra und sprich dabei.

„Ich verbinde mein Sein mit dem Licht der Quelle allen Lebens, des einen Schöpfers von Allem-was-ist. Mit unserer Urseele verbunden und mit der WIEDERBELEBUNG meiner DNA durch diese göttliche vollkommene Doppelspirale aus Licht im Licht und dem Klang meiner Seele wird meine einstmals göttlich vollkommene DNA neu erweckt, vollkommen geheilt und die schlafende DNA in meine göttliche Sternen-DNA veredelt und aktiviert.

ICH BIN ein allumfassendes, kosmisches Wesen in vollkommener Vollendung meiner Göttlichkeit so, wie es dem Willen meiner Schöpfung entspricht. Meine DNA ist jetzt in göttlicher Vollkommenheit und Harmonie in jeder Zelle meiner sichtbaren und unsichtbaren Körper. Meine DNA ist geheilt und führt mich zur umfassenden Göttlichkeit, die ich in Wahrheit bin."

Halte jetzt deine Arme trichterförmig über und neben deinem Kopf. Nimm Verbindung auf mit deinem großen ICH BIN und spüre mehr und mehr die nun folgende Integration.

„Ich rufe meine multidimensionale Seele. Ich rufe all meine Seelenaspekte in allen Dimensionen, die zu mir gehören und die heute integriert werden wollen und dürfen. Ich rufe meine höheren Körper an.

Bitte kehrt zurück in mein Sein. Lasst mein Sein unser vollkommenes Sein werden, damit wir in Einheit unserem Aufstieg und dem Aufstieg der Erde mit allem, was auf und in ihr lebt, dienen; zum Wohle unseres Wachstums und unserer großen Seele."

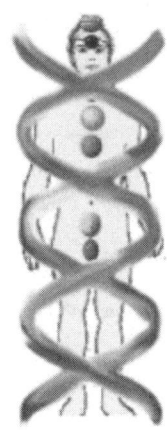

Atme tief den Fluss des Lebens in dich ein und spüre jetzt das Fließen und die Verbindung in dir.

Lass dich spüren, wie du mehr und mehr vollständig und heil in dir wirst, während du mit deinem Atem all diese lichten Teile deiner selbst in dich hineinatmest, die du vielleicht so lange vermisst hast. Atme das Licht über deine gesamte Körperoberfläche ein und bade deine Zellen in diesem wunderbaren Licht.

SPRICH: „Ich danke für die vollkommene Integration mit meinen Seelenanteilen und meinen höheren Körpern zum Wohle meiner wahren Erkenntnis, dass ich mit der Gottheit eins bin. Ich spüre jetzt mich selbst in meiner Ganzheit, in meinem multidimensionalen Sein. Ich fühle mich als Einheit, die ich war, bin und bleiben werde."

Atme tief ein und aus. Fühle dich, wie du neu erwachst. Sprich jetzt:

„Ich bin eins mit der göttlichen Urquelle. Ich bin eins mit mir. Mutter/Vater Gott und ich sind eins."

Lege nun wieder deine Hände auf dein Herzzentrum. Spüre dich als Sohn, als Tochter eines liebenden Vaters, einer liebenden Mutter, die/den wir allgemein Gott nennen. Spüre diese Verbundenheit von heute an zu jedem Zeitpunkt wachsen und stärker werden. Fühle deine Einheit und deine Vollkommenheit.

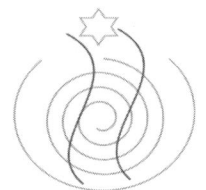

Sananda spricht zu dir

(*Begleiterin*) Nun mache dich bereit, um deine Einweihung durch Sananda zu erfahren. Öffne dich und spüre, wie er dir zur Seite oder hinter dich tritt. Lass dich von seiner Energie durchdringen und öffne dich ebenfalls für Botschaften, die Sananda vielleicht durch dich an deine Partnerin/deinen Partner weitergeben möchte. Wenn du bereit bist, dann beginne zuerst mit den folgenden Zeilen. Möglicherweise wird Sananda dir einige Hinweise geben, wenn er es in dieser Einweihung möchte. Gib diese dann bitte an deine Partnerin oder deinen Partner weiter, auch dann, wenn es für dich möglicherweise keinen Sinn ergibt. Wenn keine Hinweise kommen, dann lies einfach nur den Text. Das gilt für alle Meister, die die Einweihung zelebrieren.

„Sei mir aus meinem Herzen in deinem Herzen willkommen, geliebte Schwester, geliebter Bruder. Dieses ist Sananda. Ich bin erfüllt von Freude, weil du den Weg zurückgefunden und gewählt hast, in deine dir ureigene Energie der Liebe und der vollkommenen Glückseligkeit zurückzukehren. Mein Herz ist voll von Ergriffenheit und Verzückung, weil ich dich nach langen Zeiten wieder tiefer in meinem Sein begrüßen darf als je zuvor auf dieser Erde.

Du bist heute zu uns gekommen, um dich in deine Selbstermächtigung zu erheben. Damit gehst du in Richtung Selbstbestimmung deinem Ziel entgegen, die Göttlichkeit in der Dritten Dimension zu erfahren. Deine eigene

Göttlichkeit, die sehr lange in dir verborgen lag, darf nun endlich wieder das Licht dieser Welt erblicken, und dein Leben kann von heute an voller Freude, Licht und Heilsein auf allen Ebenen deines Seins und der Liebe sein.

Wir sind heute hier bei dir, um dich in die Energie von *Ancient-Master-Healing* einzuweihen. Ich bin heute jedoch auch hier, um dich an das zu erinnern, was du einst wusstest, dir aber vor langen Erdenjahren verlorenging. So erfahre heute neu, meine geliebte Schwester, mein geliebter Bruder, was göttliche Heilung ist.

Heilen ist erkennen, wo im Menschen die Liebe fehlt, und dann diese Liebe in den Menschen zu aktivieren, die der Heilung bedürfen. Denn jeder Mangel, sei es im äußeren Leben, sei es im seelischen Erleben, sei es im physischen Körper, ist nur ein Ausdruck der fehlenden Liebe. Heilung ist nur ein anderer Name für bedingungslose, urteilsfreie Liebe. Diese Liebe wiederum ist nur ein anderer Name für die Göttin, die unser aller liebende Mutter, und für Gott, der unser aller liebender Vater ist.

Die Vorbereitungen, die du nun hier erfahren hast, haben dich spüren lassen, dass die Liebe der Göttin und die Liebe Gottes es ist, die dich heil sein lässt. Wenn du dich mit dieser urteilsfreien Liebe unseres Vaters, unserer Mutter, verbindest, dann bist du ein reiner Ausdruck der göttlichen Schöpferkraft, die alles ermöglicht.

Du kannst und wirst Wunder erfahren, die du bisher für unmöglich gehalten hast. Du selbst wirst das Wunder sein, für dich selbst und für die Menschen in deinem Umfeld. Es sind göttliche Wunder, die dich heil sein lassen. Wunder, die dich heiligen. Denn Heilung ist nur ein anderes Wort für heiligen.

Ancient-Master-Healing ist ein wunderbar sanfter und doch so kraftvoller Weg, in kurzer Zeit dein ganzes Leben deiner multidimensionalen Seele, deinem ICH BIN, und damit der Göttin und Gott zu weihen. Indem du dein Leben der Urquelle weihst, weihst du es dir selbst. Du bist ein ganz individueller Funke des göttlichen Vaters, der göttlichen Mutter, den neu zu entfachen wir heute hier bei dir sind. Du hast auf dieser Erde in all deinen Seelenausdehnungen einen weiten Weg zurückgelegt, um nun hier und heute deine Rückkehr zu deinem Ursprung zu feiern, in den weit geöffneten Armen deines wahren Selbst.

Erkenne, geliebte Schwester, geliebter Bruder, dass deine Erhebung heute ein wunderbares Geschenk deiner Seele an dein Dasein ist. Daher tritt heraus aus der Bewertung deiner selbst und des Lebens auf der Erde. Deine multidimensionale Seele, dein wahrer, dich liebender Vater, deine wahre, dich liebende Mutter, die tief in dir zu Hause sind, bewerten dich oder dein Handeln auch nicht. Sie lieben dich mit jeder Erfahrung deines Seins, egal, wie sinnvoll oder sinnlos es dir manches Mal in den Wirren der Welt auch scheinen mag. Finde Mutter Gott und Vater Gott in dir. Dann wird es auch für dich zur Gewissheit. Ich und die Mutter, der Vater, sind eins.

Schuld ist ein Teil dieser Welt, daher ist aufgrund deines Denkens Gnade aus einer göttlichen Quelle vonnöten, um dich von deiner vermeintlichen Schuld zu erlösen. Und doch, geliebte Freundin, geliebter Freund: Du trägst keine Schuld in dir, denn du lebst in der Erfahrung des Seins, das du selbst dir gewählt hast zu erfahren. Und doch wird dir diese Erlösung, die Heilung deines Denkens und Fühlens in der Dualität, heute zuteil. Göttin und Gott kennen keine Schuld. Du bist es, die/der sie am Leben gehalten hat, bis heute.

Und so erschaffst du sie dir täglich neu in deinem Denken. Doch heute wirst du die Weihe erhalten, die dich von deiner Illusion der Schuld und der Krankheit befreien kann.
Du erkennst, geliebte Schwester, geliebter Bruder, dass du heute frei wirst von all deinen dir selbst auferlegten Begrenzungen. Zu diesen Begrenzungen zählt dein Karma. Dazu wird später Saint Germain zu dir sprechen.
Ich liebe dich – weil wir ein Geist sind.

Lass uns nun mit der heiligen Einweihung beginnen und wisse, dass ich persönlich dich einweihen werde in die Kraft der Heilung durch Jesus Sananda. Erinnere dich der Zeiten im inneren Kreis. Erinnere dich der Heilkraft, die dir einstens ganz zu eigen war, und dann nimm aus meinen Händen dein wahres Sein in Empfang und sodann in Besitz."

Sei ganz offen, um die Energien durch Sananda zu empfangen. Fühle und nimm die heiligen Energien wahr, wie diese sich in all deinen Körpern integrieren und wie mehr und mehr Licht in dich einströmt.

Die Einweihung durch Sananda

„Geliebte Schwester, geliebter Bruder. Ich bin Sananda, dein Freund, dein Bruder im Lichte des Lichts. Spüre mich und fühle: Ich berühre dein Herz und erfülle dich mit der Heilkraft der Göttin der Liebe und der göttlichen Macht des Vaters in den Himmeln der Glückseligkeit.

Spüre die Energie aus meinen Händen in dein Herzzentrum einfließen. Atme die Kraft der Heiligkeit deines Seins mit einem tiefen Atemzug in dein Herzzentrum hinein. Fühle die Vervollkommnung in dir und werde eins mit der Schöpferkraft, die du in Wahrheit warst, bist und von heute an für alle Zeiten sein und bleiben wirst.

Geliebte Seele im ewigen Sein der Mutter, im ewigen Sein des Vaters: Ich erfülle dein Herz mit urteilsfreier Liebe zu dir selbst und zu Allem-was-ist. Nimm diese urteilsfreie Liebe, die dir aus unseren Ebenen der Liebe entgegenströmt, mit einem tiefen Atemzug in dich auf.

Ich bade dein Herzzentrum im göttlichen Licht, im Christusbewusstsein, und erfülle dein Herzzentrum mit Heilung, die dein ganzes Sein erfüllt. Spüre die Kraft der Liebe in dir und sei dir bewusst, dass du göttlich bist.

Reiche mir nun deine geöffneten Handflächen und fühle meine ätherischen Hände die deinen erreichen. Öffne deine gebenden und nehmenden Hände meiner göttlichen Kraft, dich zu erfüllen mit göttlicher Schöpferkraft und der ewigen Kraft der Heilung all dessen, was nicht dem göttlichen Wunsch nach Vollkommenheit entspricht. Empfange die Kraft der Heilung in deinen Händen in Liebe.

(Nimm nun das Salbungsöl und tupfe einen Tropfen in die Mitte jeder Handfläche. Lege dann die Hände mit den Handflächen aufeinander zusammen, um die Energie zu versiegeln.)

Spüre weiterhin meine Hände über den deinen und lass uns mit der Einweihung fortfahren. Ich erfülle dich mit der allumfassenden Heilkraft, der vollkommenen Synthese von Mutter-Vater-Gott, auf dass du von heute an alles und jeden mit Heilung und der Liebe des Christus in dir berührst, wenn du deine Hände in Liebe gibst. Atme die vollkommene Gesundheit und schöpferische Liebe der Quelle von Allem-was-ist in deine Hände ein. Die Christusenergie ist nun wieder vollkommen in dir integriert und erfüllt dein ganzes Sein.

Du bist vollkommene Christusenergie, die von heute an dein ganzes Sein durchstrahlt und dich zum Magneten der Liebe neu erschaffen hat.

Nun öffne ich, Sananda, sanft dein Kronenzentrum.

Ich rufe deine Seelenanteile, die der Heilung, dem Christusbewusstsein und der urteilsfreien Liebe dienen. Das Gefäß der Seele ist geheiligt, darum kehrt zurück in diesen Körper und vervollkommnet das Wesen des Aufstiegs und der Heilung, wenn dies euer Wunsch ist und eurem freien Willen dient.

Spüre die Integration deiner Seelenanteile aus allen Dimensionen, geliebte Schwester, geliebter Bruder, die nun in dein Sein und damit in dein neues Leben strömen. Fühle, wie dein Wesen sich vollkommen erfüllt mit göttlicher Heilkraft. Fühle, wie du selbst zu dieser Heilkraft erstarkst. Fühle in meiner Anerkennung deines Weges, dass du Liebe bist, und integriere nun bewusst die Fähigkeit, von heute an das Christusselbst unter die Menschheit zu tragen, um die Christusenergie in allem, was dir begegnet, zu erwecken und ganzheitliche Heilung zu schenken.

Meine geliebte Schwester, geliebter Bruder, bestätige nun mit mir gemeinsam:
Ich bin vollkommener Teil der einzigen lichtvollen Quelle, Vater-Mutter-Gott. Ich bin vollkommener Ausdruck der schöpferischen Heilkraft. Als vollkommenes Sein, in all meiner vermeintlichen Unvollkommenheit, die ich heute loslasse, bestätige ich mich selbst. Von heute an liebe ich mich selbst urteilsfrei und erkenne mich an auf meinem Weg, der Welt ein Licht zu sein. Ich integriere meine Erfahrungen in die Gemeinschaft des Universums und danke für das Geschenk der Liebe und des Lichts von meinem Herzen zu dem Herzen all derer, die heute hier versammelt sind. Ich liebe, ehre und heile das Dasein als sich ständig erfahrende Quelle der Liebe.

Ich, Sananda, lege nun eine meiner Hände auf dein Herzzentrum. Meine zweite Hand ruht auf deiner gebenden Handfläche. Spüre das Fließen der Christusenergie in deinem Herzen und erfahre, wie ich diesen Strom nun mit dem Fließen in deinen Händen dauerhaft verbinde.

Ich, Sananda, bin beauftragt und ermächtigt, dich hier und heute als vollkommenen Kanal der schöpferischen Macht, die alles heilt, was unvollkommen ist, zu erheben. Du bist von nun an ein vollkommenes Medium des Lichts, das alle Dunkelheit in Licht verwandelt.

So ist es.

Nimm meine Liebe und wisse: Von heute an bin ich stets an deiner Seite, bis wir uns am Ende der aufregenden Zeiten von Angesicht zu Angesicht in der Glückseligkeit begegnen.

Ich trete nun an deine Seite und begrüße mit dir gemeinsam meine geliebte Nada."

Bedanke dich nun in deinen eigenen Worten bei Jesus Sananda für die Kraft, die er in dir aktiviert und neu in dich integriert hat. *(Pause)*

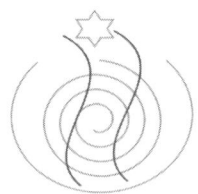

Lady Nada spricht zu dir

(Begleiter/in) Atme tief ein. Spüre ihre Gegenwart. Lass dich von ihrer göttlichen Liebe, ihrer Lebensfreude und ihrer Sinnlichkeit, die alles Leben einschließt, erreichen. Sage innigen Dank für ihr Hiersein. Spüre, wie sie mit dir einen Tanz der Liebe tanzt und nun ihre Hand auf dein Herzzentrum legt. Lass dich erreichen von der Liebe der Göttin der Freude. Wenn du sie nahe bei dir spürst, dann lies bitte den folgenden Text wieder sanft, laut und deutlich vor.

„Dieses ist Lady Nada, die Göttin der Lebendigkeit.

Geliebte Freundin in den Armen der Göttin, geliebter Freund in den Armen der Gottheit. Ich, Lady Nada, freue mich von Herzen, dich heute hier an diesem heiligen Ort begrüßen zu dürfen und dich mit meiner Essenz zu berühren. Ich werde hier in meinen Sphären auch Göttin der Lebendigkeit genannt. In diese Lebendigkeit, in göttliche Leichtigkeit, in göttliche Lebensfreude, in weibliche göttliche Liebe und göttlichen Humor darf und möchte ich dich heute erheben. Du darfst von heute an, da du dein irdisches Karma erlöst hast, wenn du es dir selbst erlaubst, das Geschenk der göttlichen Urkraft anzunehmen, dein Leben auf der Erde mit Lust, vollkommener Freude und in Wonne leben. Meine Berührung wird dauerhaft sein und dir ermöglichen, ab sofort dein Leben auf der Erde in neuem Licht des Staunens zu lieben und die liebende, lachende Göttin in dir zu erwecken.

Sei gewiss, geliebte Schwester/geliebter Bruder, heute ist dein Tag der vollkommenen Freude, die das Universum in dir selbst erfahrbar macht. Von heue an darfst du immer das Leben, das in allem schwingt, in deinem Herzen spüren und erfahren, welch großes Geschenk deiner selbst du für die Erde, die Menschheit und das göttliche Sein bist.

Bevor wir mit der heiligen Weihe beginnen, die *Ancient-Master-Healing* in dir erweitert, möchte ich dir noch einige Aufgaben mit auf deinen Weg geben, damit du in Zukunft immer in der Freude bist, mit der du heute diesen heiligen Ort verlassen wirst. Nur ein freudiges Wesen ist ein Magnet, das alles, was der Heilung bedarf, in seinen Bann zieht. Darum, geliebtes Sein, sorge dafür, dass du immer in der Freude bist, die Ausdruck deiner Göttlichkeit ist.

Deine Aufgabe besteht darin, dich zu erinnern, was dir, ganz allein mit dir, in deinem Leben Freude macht und dein Herz weitet, auch dann, wenn Schmerz oder Trauer dich aus deiner Vollkommenheit heben möchten. Spüre in dich hinein. Was ist es, was dir wirklich Freude macht?
(Pause)

Es kann sein, dass die göttlichen Fähigkeiten von Tanzen, Malen, Singen dich erheben. Es kann sein, dass die Wesen der Natur dein Herz berühren, wenn du hinausgehst und die Sonne in dein Herz einlädst. Es kann sein, dass ein fröhlicher Film dein Herz erhebt. Finde hier und jetzt dein ganz eigenes Talent, mit dem du selbst dich in

vollkommener Selbstermächtigung von unwillkommenen Gefühlen befreien kannst.
(Pause)

Und dann, geliebtes Sein, tanze mit dem Wind, singe mit den Vögeln, bade im Regen, der die Erde befruchtet. Sei das Leben selbst, in all seiner Vollkommenheit.

Erinnere dich immer daran, dass Trauer und Schmerz Gefühle dieser Dimension sind. Erhebe dich in die Dimension der liebenden Energie, die dich heute erfüllt, und deine Freude kehrt zurück in dein Sein.

Und erinnere dich auch an meine Worte, wenn in der Zukunft Trauer dein Herz überschattet. Rufe mich, und ich werde dein Herz mit meiner ätherischen Rose der Liebe berühren, damit du die Freude am Sein immer und immer wieder erneut erfahren kannst, bis sie zu deinem wahren Ich auf Erden geworden ist. Ich liebe dich von Seele zu Seele in der einen großen Seele und freue mich von Herzen, ab heute in deinem Herzen einen Platz zu haben und dich damit zu unterstützen, ein lachendes, strahlendes Licht für diese Welt zu sein.

Lass uns nun mit der göttlichen Einweihung beginnen, zu der ich ermächtigt bin, sie dir zu überbringen, und wisse, dass ich persönlich dich einweihen werde in die Kraft der lachenden, lebendigen, gelebten Liebe durch mich, LADY NADA.

All dies gemeinsam vervollkommnet in dir die Kraft des *Ancient-Master-Healing*. Nimm meine Liebe und behalte mein Versprechen tief in meinem Herzen."

Öffne dich nun ganz, um die Energien durch Lady Nada zu empfangen. Fühle und nimm die heiligen Energien wahr, wie sie sich in all deinen Körpern integrieren und mehr und mehr Licht in dich einströmt.

Einweihung durch Lady Nada

„Ich berühre dein Herz und erfülle dich mit der Kraft, die Gott und die Göttin in dir und in mir wirklich ist. Aus den Höhen der himmlischen Sphären der Glückseligkeit erreicht dich die Freude am Leben, die das gesamte Universum erfüllt. Atme aus meinen Händen diese vollkommene Liebe, nach der dein ganzes Sein sich sehnt, in dein Herz hinein. Spüre die Kraft meiner Seele, die mit deiner Seele verbunden ist wie ein Ganzes, während meine Hände dein Herz zur erschaffenden Göttin emporheben und Gott Vater selbst es ist, der Humor und Lachen in dir neu aktiviert.

Atme tief und nimm das Leben in deinem wahren Herzen in Gott Mutter und Gott Vater in Empfang. Von heute an soll Freude deine Grundstimmung sein. Von heute an soll Liebe deine Ausstrahlung sein. Von heute an soll dein Aufstieg in das lebendige Licht der Liebe dein Hauptmotiv sein.

Göttliche Liebe, göttliches Lachen, göttliche Freude und vollkommene Lebendigkeit gehen von heute an von dir aus und machen dich zu einem Magneten für alles, was der Heilung bedarf. Lachen, Freude und Lebendigkeit erreichen und erhellen von nun an deine Welt und tauchen sie in die Vollkommenheit deines Seins.

Du bist ein reiner Kanal der Freude, die direkt aus dem Herzen der Göttin kommt. Du bist ein reiner Kanal der Liebe, die direkt aus dem Herzen Gottes kommt. Du bist ein reiner Kanal, der Leben und Liebe erschafft.

Ich, die du mich Lady Nada nennst, ermächtige dich hier und heute, mit deiner Liebe und deinem Lächeln aus der Kraft der vollkommenen Einheit alles und jeden zu erreichen und zu erheben, was deinen Weg berührt. *(Gib Salbungsöl auf das Kehlchakra.)*

Behalte und gib weiter, was du jetzt und in Wahrheit bist, und sei gewiss, du bist aus der Quelle der Gottheit, ein vollkommener Ausdruck der Göttlichkeit.

Ich lege nun meine Hände auf deine Handflächen. Fühle mich und mein Sein in deinen Händen. Trinke die Kraft der Liebe und der Ermächtigung durch deine Handchakren. Empfange hier und jetzt die Weihe der Göttin in dir.

Atme tief ein. Nimm jetzt die Kraft der lachenden, lebendigen, gelebten Liebe in deine Hände auf. Von heute an kannst du mit jeder physischen und nichtphysischen Berührung die Freude und die Leichtigkeit weitergeben, die dein wahrer göttlicher Ausdruck sind.

Nun spüre hinein in dein Kronenchakra und fühle die Erfüllung, denn ich, Lady Nada, rufe jetzt all deine Seelenanteile, die heilende Freude, heilige Liebe und göttliches Lachen in dein Leben zurückbringen können und mögen, in Übereinstimmung des freien Willens der Seele. Bitte steigt hernieder in diesen geheiligten Körper und erfüllt dieses Sein zum Wohle unserer großen, multidimensionalen Seele hier in diesem heiligen Tempel, damit wir den Dienst an unserem eigenen Aufstieg, den Dienst an der Erde und der Menschheit voller Liebe erfüllen.

Geliebtes Sein in meinen Armen. Nimm nun mit drei tiefen Atemzügen deine Seelenanteile in dich auf, die hier und jetzt zu dir herabsteigen, dich erfüllen und bereichern. Spüre das Hereinfließen deiner fehlenden Teile und spüre, wie sie Lebendigkeit, Freude und Lachen jetzt zu dir in dein Leben tragen. Spüre die vollkommene Integration, und wie mit jedem Atemzug dein Leben vollkommener, ausgefüllter und bereichert wird.

Die *Ancient-Master-Healing*-Energie ist jetzt verstärkt mit der Lebendigkeit, der Schöpfung und der Leichtigkeit der göttlichen Urkraft. Spüre die Integration mit einem tiefen Atemzug.
Nun bestätige mit mir und sprich mir nach:
„ICH BIN urteilsfreie göttliche Liebe, vollkommene Freude und geheiligte Leichtigkeit im Sein. Ich bin eins mit Allem-was-ist. Ich bin die vollkommene Kraft der Liebe in meinem Sein. Ich bin erfüllt von Freude, die von nun an mein ganzes Sein erhellt."

Wisse, geliebte Schwester, geliebter Bruder. Ich bin deine göttliche Schwester im Licht. Meine Kraft und mein Sein begleiten dich auf all deinen Wegen.

Ich, Lady Nada, erwecke und ermächtige dich hier und heute zum vollkommenen Ausdruck der Lebendigkeit, der weiblichen Kraft des göttlichen Lachens, die das Universum belebt, und der vollkommenen Sinnlichkeit, die alles Leben umfasst. Diese göttlichen Qualitäten, die die Quelle selbst sind, erfüllen ab heute dein ganzes Sein in vollkommener Synthese der *Ancient-Master-Healing*-Kraft. Du bist vollkommener Ausdruck der nährenden Freude der Göttin und der schöpferischen Kraft des höchsten Gottes in all ihrer Vollkommenheit.

So nimm nun auch meine Liebe in Empfang und wisse, dass ich deine Wege begleite. Ich bin immer an deiner Seite, wenn du mich rufst. Ich liebe dich, weil wir eins sind in unserem multidimensionalen Sein.

Deine zweite Einweihung ist nun vollendet. So bin auch ich mit Sananda an deiner Seite, während unser geliebter Freund Saint Germain nun vor dich tritt."

Verabschiede dich von Lady Nada für den Augenblick und tritt in Kontakt mit Saint Germain. Öffne dich, seine Essenz in dich aufzunehmen und seine Präsenz aus deinen Worten strahlen zu lassen.

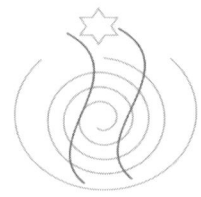

Meister Saint Germain spricht zu dir

„Ich begrüße dich, meine Freundin, mein Freund, der oder die du die Erfahrung der Dritten Dimension wähltest. Auch ich heiße dich willkommen in der strahlenden Welt der Selbstermächtigung in deine Göttlichkeit, in die wunderbare Welt der Freiheit von Schuld, hinein in die universelle Freiheit des Seins hier auf dieser Erde. Dieses ist Saint Germain, der deinen Weg begleiten wird.

Du hast darum gebeten, als Schüler in den Orden der Weißen Schwestern- und Bruderschaft aufgenommen zu werden. Nun, so lass mich dir laut und deutlich bestätigen: Dein Wunsch wurde dir gewährt. Darum erfahre nun, dass du von heute an geschult wirst. Die Meisterinnen und Meister werden sich dir an jedem neuen Abschnitt deiner Weiterentwicklung zu erkennen geben, denn deine Zeit ist gekommen, um deinen Aufstieg in dein multidimensionales Sein zu beschleunigen und deinen Platz im großen Plan der Zeit auf dieser Erde anzutreten.

Heute hast du einen wunderbaren Weg beschritten. Denn du hast gewählt, deine Freiheit in Empfang zu nehmen. Nicht wählen bedeutet Unfreiheit und Abhängigkeit. Wählen heißt, erwachsen sein und Gott in dir selbst nahe zu kommen. Und du Wesen aus Licht hast deine Wahl getroffen. Damit hast du einen sehr wichtigen Schritt zur Meisterschaft über dich selbst und deine Schöpfungen getan. Heute werde ich die Kraft der silbernen Flamme und der silber-violetten Flamme dauerhaft in deinem Herzen und in deinen Händen verankern, damit du in Zukunft immer in Klarheit, Reinheit und ein Transformator der Liebe bist. Du kannst dann alles, was deinen Weg berührt, im silbernen Licht der Transformation verwandeln, heilen und Göttlichkeit verbreiten.

Wisse, von heute an ist all dein irdisches Karma in Wahrheit das, was es immer schon war: Illusion in der Welt der Dimensionen. Illusion, geboren aus dem Verständnis von Schuld, Urteil und Sühne. Für unsere Quelle, aus der wir alle in Einheit uns aufmachten in die physischen Welten, gibt es keine Schuld. Ein Teil dieser Quelle bist auch du. Du hast es nur immer wieder mal vergessen. Die Hüter und Hüterinnen des Karmas haben uns ermächtigt, dich aus dem Kreislauf des Schuld-und-Sühne-Denkens zu befreien und dich daran zu erinnern, wer und was du in Wahrheit bist. Gestehe dir ein, dass du vollkommen bist, so wie wir es immer wieder tun. Gestehe dir ein, dass deine Wege, die du bis heute gegangen, vollkommene Wege waren, die dich heute hier an diesen heiligen Ort geführt haben, um dich voll und ganz von jeglichem Schulddenken zu erlösen. Alle deine Erfahrungen, gerade dann, wenn sie nicht leicht waren, waren deine freie Wahl. Diese deine Erfahrungen gehen ein in den großen Schatz unser aller Erfahrungen so, wie du an unser aller Erfahrung deinen Anteil haben wirst.

Reiche mir deine Hand und nimm mein Geschenk, das ich dir JETZT überreiche. Erkenne die Bedeutung. Nimm den Schlüssel zu deiner wahren Essenz, zu deinem wahren Sein, und verankere ihn tief in dir an dem Ort der Kraft, an dem Gott und Göttin in dir zu Hause sind.

Wir alle lieben und ehren dich und danken dir für deinen Beitrag an unser aller Erfahrung.

Ich segne dich mit der Kraft der Flamme der Transformation und Heilung, die die Kraft von *Ancient-Master-Healing* erweitert und berühre dich mit der Flamme der Freiheit für alle Ewigkeit.

So lass uns nun mit deiner Einweihung fortfahren und wisse, dass ich es bin, Saint Germain, der deine Heilkraft in der folgenden Weihe verstärkt."

Einweihung durch Saint Germain

„Ich berühre jetzt mit meinen Händen dein Herzzentrum. Fühle die Energie meiner Hände, denn ich erfülle dein Herzzentrum mit der Kraft der silbernen Flamme der Transformation und der überirdischen Heilung von aller Unvollkommenheit. Aus den Höhen der lichtvollen Ebenen erreicht dich die Energie der Liebe der Göttlichkeit, die das gesamte Universum erfüllt.

Atme tief durch dein Herzzentrum und nimm das silber schimmernde Licht aus meinen Herzen in deinem wahren Herzen in Empfang. Atme, denn ich sende die vollkommenen Fähigkeiten deiner göttlichen, alles umfassenden Seele: Freiheit von jeglicher Abhängigkeit, von jeglicher falscher Demut, von allem, was dein göttliches Sein auf Erden blockiert hat, direkt in dein Herz. Atme und fühle, wie Freiheit, Selbstermächtigung und Verantwortlichkeit für all deine Schöpfungen dich durchströmen, wie sie jede Zelle deines Seins heiligen, reinigen, erhellen und mit Heilkraft erfüllen.

Von heute an soll Heilsein dein wieder in Besitz genommenes Grundrecht sein. Von heute an sollen Verwandlung und liebende, vollkommene Göttlichkeit deine Ausstrahlung sein. Von heute an soll dein Leben das Leben eines Aufgestiegenen Meisters sein. Denn heute ist dein Aufstieg vollkommen in die Ebene des Lichts gerückt. Heute ist dein Tag der Freiheit von allem, was dein Leben belastete.

Liebe, Verzeihen, Veränderung von allem, was das göttliche Leben, das du bist, verhindert, strahlen von heute an von dir aus. Liebe und Transformation erhellen ab heute deine Welt und die Welt all derer, denen du begegnest.

Du bist ein reiner Fluss des Silberstrahls, der direkt aus der Quelle der Heilung durch dich fließt. Du bist göttliche Liebe, göttliche Vollkommenheit, göttliche Transformation in Ewigkeit in allen Dimensionen des Universums, deren Teil du bist, aus dem du geschaffen, in die du erschaffen hast. Du bist ein wundervoller Ausdruck der Unsterblichkeit.

Ich, Saint Germain, habe die Erlaubnis, dich hier und heute mit deiner göttlichen Kraft zu erfüllen und die Heilkraft des silbernen Strahls fest in dir zu verankern, damit du alles und jeden mit Göttlichkeit berührst, der dir auf deinem Weg begegnet.

Ich erwecke deinen Solarplexus hier und jetzt mit der wahren Selbstermächtigung, die einem Meister zueigen ist. Spüre die Kraft deines Solarplexus sich ausweiten und eins werden mit deinem multidimensionalen Sein.
Ich salbe deine Stirn mit der reinen Vision der Freiheit von allen Abhängigkeiten und aktiviere dein Bewusstsein für deine wahre Größe hinter allen Illusionen in dir.
(Gib ganz sanft einen Tropfen Salbungsöl auf das Stirnchakra.)
Sei und gib weiter, was du bist, und sei gewiss – du bist göttlich!

Nun reiche mir deine Hände. Fühle meine ätherischen Handflächen auf den deinen. Fühle die Kraft der Gottheit, der strahlenden Jugend und der Unvergänglichkeit in deine Hände fließen.

Atme tief ein. Spüre, wie ich die Kraft des silbernen Strahls mit der violetten Flamme vereine und dir übergebe. Nimm somit jetzt die Kraft der silber-violetten Flamme in deine Hände auf. Spüre, wie dieses göttliche Licht die *Ancient-Master-Healing*-Kraft in deinen Händen verstärkt, und wie deine Hände zu einem Sender der Göttlichkeit erstarken. Von heute an darfst du mit jeder physischen und nichtphysischen Berührung die silber-violette Flamme der Transformation in alle dunklen Situationen deines Lebens und des Lebens anderer Lebewesen tragen und Unvollkommenheit in Vollkommenheit tauchen.

Nun spüre in dein Kronenchakra hinein, denn ich, Saint Germain, rufe all deine Seelenanteile, die mit dem göttlichen Licht verbunden, alle Seelenanteile, die Selbstermächtigung und Freiheit vertreten und sich von dir abgespalten haben: Bitte steigt jetzt nieder in dieses Wesen der Liebe und erfüllt das Versprechen der vollkommenen Einheit des multidimensionalen Seins.

Nimm du, geliebte Schwester/geliebter Bruder, all die Teile deiner Seele, die du auf deinen weiten Wegen auf Erden von dir getrennt hast, wieder auf in dein Sein, damit du als geheiligte Kraft deinen Weg der Liebe gehen kannst.

Ancient-Master-Healing, das durch dich fließt, ist nun verstärkt mit dem silbernen Strahl der Heiligkeit und mit der silber-violetten Flamme der Verwandlung, der Freiheit von jeglicher Abhängigkeit, der Selbstermächtigung in Liebe. Ich bin ermächtigt, das Licht der Freiheit und die Macht über dich selbst tief in dir zu verankern. So kannst du von heute an als Lichtbringer der Erde und der Menschen ein Anker der Treue sein.

So ist es.

Ich, Saint Germain, ermächtige dich hier und heute, als Gott und Göttin unter den Menschen auf der Erde zu wandeln, damit du mit deinem Sein und deiner Ausstrahlung alle und alles an die Göttlichkeit erinnerst, die in allem wohnt. So leistest du deinen Beitrag zur Erweckung der Göttlichkeit auf dem Planeten Erde, die vor so langer Zeit verlorenging.

Nimm meine Freundschaft und meine Liebe zu Allem-was-ist. Von heute an bin auch ich an deiner Seite, wenn du mich rufst. Verbinde dich mit mir, wenn du die Freiheit und die Macht, die du bist, vergessen solltest, und sei gewiss: Ich stehe dir bei.

So nehme ich jetzt freudigen Herzens meinen Platz an deiner Seite neben Sananda und Lady Nada ein und begrüße mit voller Liebe meine geliebte Freundin Lady Kwan Yin, die jetzt zu dir kommt, um Barmherzigkeit und Mitgefühl mit dir und allem Leben in deine *Ancient-Master-Healing*-Kraft zu integrieren.“

Öffne dich nun ganz, um die Energien durch Lady Kwan Yin zu empfangen. Fühle und nimm die heiligen Energien wahr, die sich in all deinen Körpern integrieren, und wie mehr und mehr Licht in dich einströmt. Nach einer kurzen Paus fahre dann fort, den Text sanft und klar vorzutragen.

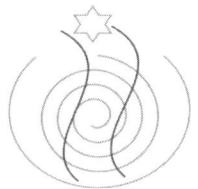

Lady Kwan Yin spricht zu dir

„Ich schenke dir noch einmal ein jubelndes Willkommen in dein Herz, geliebtes Wesen des Lichts. Ich freue mich, dich wieder in unserer Mitte zu begrüßen. Ich, Kwan Yin, die Göttin der Barmherzigkeit, der Gnade und des Mitgefühls, begrüße dich heute in diesem heiligen Tempel, den dein Herz erschaffen hat. Du wirst heute mit der voll erweckten *Ancient-Master-Healing* diesen wunderbaren Ort verlassen und die Kraft der Heilung in ein herrliches, neues Leben mitnehmen. Wir haben deine Sehnsucht erfahren und deinen Wunsch vernommen, deiner Bestimmung zu folgen.

So sind wir zu dir gekommen, damit du deinen Weg erkennst, deinen göttlichen Wert erfährst und die göttliche Kraft, die du in Wahrheit bist, in dir selbst wieder erfährst, um deine Vollkommenheit zu verbreiten in einer Zeit, die das Licht ersehnt. Es ist Zeit, das Rad des Karmas zu verlassen, damit du dich den Aufgaben widmen kannst, deretwegen du auf deinem Weg der Liebe bist. Doch wisse, geliebte Freundin, geliebter Freund, aus dem Rad des Karmas auszusteigen beinhaltet noch eine Aufgabe für dich, die anzunehmen du dich bereiterklären musst. Darum frage ich dich:

Bist du bereit, von heute an dein Licht leuchten zu lassen für dich selbst und für alles, was deinen Weg berührt, dabei alles zu tun, um aus dem Urteil über dich selbst, über andere und über das Leben herauszukommen?
(Bitte warte die Antwort ab.)

Bist du bereit, deine Seele hier auf Erden strahlend zu halten, wie sie am Ende dieser deiner Weihe sein wird, und dich nicht mehr bewusst mit negativem Karma zu belasten?

(Bitte warte die Antwort ab.)

Bist du bereit, die Selbstliebe und die Liebe zu Allem-was-ist täglich aufs Neue zu üben und zu trainieren?

(Bitte warte die Antwort ab.)

Bist du bereit für deinen Seelenweg, für die Anerkennung und Erfahrung deiner eigenen Größe und Göttlichkeit an jedem Tag deines Lebens auf Erden?

(Bitte warte die Antwort ab.)

Ich danke dir, geliebtes Sein. Du hast meine Fragen bejaht. Daher wisse, dass du auch weiterhin deine Fehler machen darfst. Du musst nicht perfekt sein. Dies würde nur bedeuten, dass du wieder zurück in die Angst fällst und neues Karma auf dich ziehst. Führe nur immer dann deine Übung zur Befreiung deines Karmas durch, wenn du fehl getan oder gedacht hast. So bleibst du immer in der *Ancient-Master-Healing*-Kraft, frei von jeglichem Makel.

Dein Karma ist mit deiner heutigen Einweihung in *Ancient-Master-Healing* ausgelöscht. Bewahre dir diesen wunderbaren Zustand in dieser Energie des Friedens, der Reinheit und Entschlossenheit. Und merke dir gut: Es gibt keine Fehler. Übe, lehre und lerne, und befreie dich immer wieder mit der Heilung von neu erfahrenem Karma. So wirst du dich immer wieder so göttlich fühlen können, wie du es heute erfährst.

Achte gut auf dich. Beginne damit, dich selbst zu lieben, indem du erkennst, aus welcher Quelle du deine Energie beziehst. Erkenne dich jeden Morgen als deinen eigenen Ausdruck deiner eigenen Göttlichkeit an. So wirst du Gelassenheit und Frieden erfahren und ausstrahlen.

Mit deiner Einweihung hast du den vollkommenen Status deiner eigenen Göttlichkeit integriert. Darum, geliebter Teil meines Selbst: Lege die Unachtsamkeit ab, die du so oft gelebt hast, denn ab heute wird vieles ganz anders sein als bisher.

Du wirst ab sofort sehr vieles schneller verwirklichen, als du es bisher gewohnt warst. Dies liegt daran, dass du deine Schöpferkraft und deine göttliche Macht in dein Leben neu integriert hast. Du bist göttliche Liebe im Herzen der Schöpfung geworden. Die genetisch angelegten Mängel im menschlichen Körper und der Psyche sind aufgehoben und werden sich mit jedem Tag, an dem du deine Übungen durchführst, mehr und mehr zur Vollkommenheit entwickeln, die dem Menschen innewohnt. Ja, geliebtes Sein, du hast den Baum des Lebens gefunden. Nähre dich von seinen Früchten und fühle, dass du in allen Ebenen des lichten Universums zu Hause bist. Begrenzungen sind nur noch Schein. Erhebe dich über deine Begrenzungen, und dein Leben wird einem Wunder an Liebe gleichen. Du bist Liebe, und Liebe wird vermehrt in deinem Leben Einzug halten. Denn du hast gewählt, die Liebe zu sein, und Liebe ist Alles-was-ist. So wird nichts mehr Raum in deinem Sein haben, was nicht wirkliche Liebe ist.

Darum, geliebtes Sein, sei achtsam in deinen Gedanken, in deinen Worten und in dem, was und wie du dich fühlst. Übe dich in den Affirmationen deines großen ICH BIN. Ich bin göttliche Vollkommenheit.

Und das Wichtigste ist und bleibt: Sei bei allem, was du tust, fühlst und erfährst, in der Gelassenheit. Übe dich, die Dinge so zu sehen, wie sie sind. Nämlich die persönliche Erfahrung eines jeden, den die eigene Seele gewählt hat. So trittst du heraus aus dem Urteil. Wenn du fehltrittst in der Zukunft, dann nutze die Kraft, die Lady Nada in dich integriert hat. Lache, statt über dich oder andere zu urteilen, und handle einfach beim nächsten Mal auf eine andere, erlösere Art. Übe dich täglich in der Selbstliebe und lache über deine kleinlichen Gedanken, die gerade die Göttlichkeit in deinem Sein nicht wahrnehmen wollen. Du hast von heute an alles, was du brauchst, um deinen eigenen Aufstieg in die Liebe zu erfahren. So kann dein Leben ein Fest der Liebe und der Freude sein.

Wenn das Leben dir grau erscheint, wenn du glaubst, auf der Stelle zu treten und nicht weiterzukommen, dann erinnere dich an uns. Begib dich in den Raum deines geheiligten Herzens, tritt mit uns in Verbindung, schenke dir *Ancient-Master-Healing,* und jede Dunkelheit wird sich auflösen in Freude und Liebe.

Ich liebe dich, geliebte Freundin, geliebter Freund. Wir alle hier in den Ebenen der Glückseligkeit lieben dich aus unserem göttlichen Herzen. Wir aktivieren und berühren dein Herz und deine Seele in der allumfassenden Gottheit."

Einweihung durch Lady Kwan Yin

„Fühle mich in deinem göttlichen Herzen, denn ich erfülle dein Herzzentrum mit wahrhaft göttlichem Mitgefühl und Barmherzigkeit mit dir selbst und zu Allem-was-ist. Ich ermächtige dich zur wahren urteilsfreien Liebe zu dir selbst und zu Allem-was-ist. Ich überreiche dir feierlich hier und jetzt die Befreiung von allen karmischen Verstrickungen, die bisher dein höchstes Sein blockierten. Du bist frei von allen dir selbst auferlegten Begrenzungen, wenn du selbst es dir in deinem täglichen Sein erlaubst. Auch diese Kraft aktiviere ich jetzt ganz tief in dir.

Ich erhebe dein Kronenchakra zum göttlichen Licht und schenke dir die Weihe in die Heiligkeit der Erfahrung deiner Göttlichkeit. Atme in dein Kronenchakra und nimm in Demut vor deiner eigenen Größe die Macht über dich selbst in deinem göttlichen Herzen in Empfang.

Spüre, wie ich jetzt dein Tempelchakra, das mit all deinen höheren Chakren verbunden ist, fest mit deinem Kronenchakra verbinde, damit du in Zukunft immer in der Anbindung an deine Kraftquelle deiner Göttlichkeit bist. Atme und spüre die Heiligkeit deiner Ganzheit in dir.

So rufe ich jetzt, im Namen der göttlichen Schöpfer- und Liebeskraft, deine höheren Körper an und alle Seelenanteile, die zu diesem Zeitpunkt zum Wohle deiner multidimensionalen Seele integriert sein wollen. Bitte kehrt

zurück in dieses gereinigte und geheiligte Sein und bereichert das Wesen des Aufstiegs in das Licht der Liebe, zum
Wohle allen Lebens im Universum und auf dieser Erde.

Von heute an ist dir auf allen Ebenen deines Seins bewusst, dass ich Anteil an dir und deinem Leben nehme. Ich
weihe dich und verstärke in dir die Kraft des *Ancient-Master-Healing*, indem ich die Gold-Lavendelflamme, die alles
in dir in reines Licht transformiert, verankere. Diese Flamme der Liebe, aus dem goldenen Strahl geboren, wird Licht,
Freude und Heilung in dein Leben und in deine Hände tragen. Lass diese reinen Farben jederzeit aus dir strahlen.

Ich, Kwan Yin, weihe dich hier und heute in die voll
erweckte Kraft des *Ancient-Master-Healing*, das Licht, das
du bist.
*(Begleiter/in nimm die Meister Essenz, warte, bis die
Meister sich um den Initianten versammelt haben, und
sprich.)*

In Übereinkunft mit der göttlichen Quelle des Lebens,
in der Kraft der Großen Weißen Schwestern- und Bruderschaft, mit dem Segen der großen Göttin und Vater Gott,
die mich ermächtigten, dir deinen Weg zu heiligen, weihe
und salbe ich dich (*nenne bitte hier den vollen Namen des
Empfängers und gib ein bis zwei Tropfen der Essenz auf
die Zunge*) in die Energie des *Ancient-Master-Healing*, geboren aus der Quelle der Schöpfung im Licht des Glanzes
der Ewigkeit.

Du bist von heute an die vollkommene Ausstrahlung der göttlichen Quelle und wandelst mit dieser Kraft über unsere Erde.

Nun gehe hin und sei, was du bist.
Du bist göttlich!

Das ist die einzige Wahrheit! Nun werde auch ich mich neben dich stellen zu meinen Freunden und erlaube der Gegenwart von Miranlaya und Metatron, diesen Raum der Heiligkeit zu erfüllen."

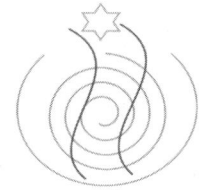

Einweihungsabschluss durch Miranlaya und Metatron

„Lass dich von unserer göttlichen Essenz berühren, geliebte/r Freund/in und erlaube dir, dich endlich würdig zu fühlen für die Weihe in eine wunderbare Heilkraft, die du seit Lemuria verloren glaubtest. Nun ist die Zeit gekommen, dich an all das zu erinnern, was dein wahres Sein ist unter all deinen Begrenzungen, die zum Planeten Erde gehören, bis dieser erlöst ist.

Du gehst der Zeit der Wende entgegen und hast dich auf die Erde begeben, um in diesen aufregenden Zeiten ein Licht zu entfachen, wie die Erde es seit langer Zeit, die in dieser Dimension das Leben bestimmt, nicht mehr erfahren hat. Es ist dies eine Übereinkunft, die du einst mit Gaia und deinen universellen Geschwistern getroffen hast. Erinnere dich hier und jetzt.

Geliebte Freundin, geliebter Freund, erkenne, wo in deinem Leben Mangel ist. Dies ist der Mangel auf deiner spirituellen Ebene. Mangel ist ein Ausdruck dessen, was dir auf deinem Weg zu einem Meister des Lichts noch fehlt. Der Abschluss deiner Weihe wird diesen Mangel ausgleichen. So gehe dann hinaus in das Leben und erkenne die Fülle in allem, was Mutter Erde dir zeigt. Diese Fülle, die sich dir in allem zeigt, ist das, was du selbst bist. Du selbst bist das Universum. Du bist vom universellen Licht, im universellen Licht und kannst in deinem Sein das Licht vervielfältigen. Indem du das Licht vervielfältigst, bringst du all die Fülle in dein Sein, die dir sowieso gehört. Wisse: Alles gehört dir. Du brauchst nur die Hand auszustrecken, deine Augen zu schließen und dir dein erfülltes Leben zu erträumen.

Die Selbstermächtigung, in die du heute geweiht wirst, ist dein Schlüssel zu einem Leben in Fülle, Freude und Reichtum auf allen Ebenen deines Seins. Dies alles ist dein Grundrecht in deiner Göttlichkeit. Du hast es nur so lange vergessen. Indem du hier und heute erkennst, dass du dir alles selbst erschaffen hast, was in deinem Leben an Fülle oder Mangel existiert, trittst du direkt in deine Selbstermächtigung. Das ist der Schlüssel zur Veränderung, hin zum positiven Sein. Schließe die verschlossenen Pforten in deinem Gefühl von Wertigkeit weit auf und halte sie offen. Du bist ein Teil des Alles-was-ist, und Alles-was-ist bist du! Mach dir diese Tatsache bewusst, und du wirst die Erde und deine Mitmenschen mit deiner Fülle an Licht überschütten. Dann hast du das Christusbewusstsein tief und fest in dir verankert.

Wir werden nun zum Abschluss deiner Einweihung deine verschlossenen Tore aktivieren. Danach gehe hin in Frieden und halte sie weit offen, damit die Fülle des Universums in dich einfließt, durch dich hindurchfließt und dauerhaft dein Leben bereichert.

Ich bin Miranlaya, und ich bin Metatron. Nimm wahr,

wie unsere ätherischen Hände das reine Licht aus der Quelle, die ihr als höchste Gottheit bezeichnet, bündeln.

Nimm weiterhin wahr, wie das Licht aus unseren Händen sich vereint und sich zu einer vollkommenen Lichtsäule bildet, die alle Qualitäten der weiblichen und der männlichen Gottheit vereint.

Wir hüllen nun dich, deinen physischen Körper, deine niederen Körper, all deine höheren Körper und deine Chakren in diese Kristalllichtsäule. Du bist vollkommen umhüllt und eingehüllt in das Kristalllicht von der Quelle allen Lichts. Nimm wahr, wie diese Lichtsäule dein ICH BIN einschließt, wie deine höheren Körper integriert, deine höheren Chakren eingehüllt werden, und wie diese kraftvolle Lichtsäule bis zu dir hinunter reicht. Nimm weiter wahr, wie sie sich weiter ausdehnt bis zu deinem Kraftzentrum im Mittelpunkt der Erde. Spüre dich Göttin (Gott). Du bist vollkommen integriert in das Licht allen Lichts. Du bist dauerhaft verbunden mit dem Licht. Du bist eins mit dem Licht. Fühle dich. Du bist jetzt das Licht selbst.

Schaue nach oben in das Universum der Liebe. Nimm wahr, wie ich, Miranlaya, nun ein ätherisches Band ergreife. Es ist das Band, das dich mit deiner Dualseele verbindet. Schau in das Gesicht deiner Dualseele, das sich dir jetzt zeigt.

Nimm nun wahr, wie ich, Metatron, dein eigenes ätherisches Band zu deinem Dual ergreife. Spüre, wie wir gemeinsam jetzt diese ätherischen Bänder miteinander verknüpfen, die sich vor langen Zeiten auf der Erde voneinander trennten.

Atme dich. Fühle deine Ganzheit. Fühle deine Fülle, die sich nun sanft und in göttlicher Gewissheit deiner Vollkommenheit in dir ausbreitet. Du bist nun mit deinem Dual auf telepatischen Ebenen vollkommen vereint und hast Teil an seiner oder ihrer Erfahrung. Nimm in meditativer Stimmung Kontakt auf zu dem Teil, von dem du glaubtest, dass er dir fehlt. Du bist nun vollkommen heil in dir, und dein Dual ist heil in sich selbst. So kannst du von nun an als vollkommene Synthese von Vater Gott und Mutter Gott deinen Abstieg der Seele in dein Leben, und damit deinen Aufstieg in die grenzenlose urteilsfreie Liebe beginnen.

Atme das vollkommene Leben in dich ein. Du bist ein vollendeter Mittler zwischen dem Licht des Lichts und dem Kraftzentrum im Mittelpunkt der Erde. Du hast dein Zuhause jetzt in dir selbst gefunden. Dies ist dein Beitrag zur Heilung des Planeten Erde mit allem, was auf und in ihm lebt.

Wir verankern nun diese Lichtsäule fest in dir und um dich herum, so dass sie dauerhaft strahlen kann. Es werde Licht. Du bist Licht. Wir weihen dich in deine eigene Göttlichkeit.

Ancient-Master-Healing ist nun vollständig in dir aktiviert. Gehe in dein Leben hinaus und lebe deine Bestimmung, die da lautet: Sei und gib Liebe. Integriere die Liebe, die alles ist, was existiert in der Schwere der Dritten Dimension auf der alten Erde. Zuerst in dir selbst, dann in deinem Nächsten. So kann die Erde die Dritte Dimension überwinden und aufsteigen in die ätherischen Ebenen der Glückseligkeit. Du mit ihr und alle, die du auf deinem Weg berührst.

Wir verabschieden uns für heute von dir. Wisse, dass unser Band unlösbar ist. Vergewissere dich immer wieder deiner Lichtsäule, die dich und deinen Lichtkanal umhüllt und schützt. So bist du dir immer der Kraft in dir bewusst, die dein Sein bis ins letzte Elektron durchdringt.

Hier, im Licht des Lichts erkenne, dass du Licht bist. Du bist jetzt die Kraft von *Ancient-Master-Healing* – Das Licht, das du bist!

So ist es!

Wir, Miranlaya und Metatron, verabschieden uns für den Augenblick von dir und versichern dir, dass wir immer an deiner Seite sind. Sei uns zu jederzeit in unserer Liebe willkommen!"

Nun lass zum Abschluss eine Glocke, eine Klangschale oder Zimbeln erklingen.

Übergib, wenn du es von der Internetseite ausgedruckt hast, das Diplom sanft und leise, indem du es auf den Schoß des Eingeweihten legst. Die Diamant-Essenz und die Ancient-Master-Healing-Essenz lege in die rechte Hand. Dann sprich:

„Die Einweihung in *Ancient-Master-Healing* ist nun vollendet.

Nun lass ich dich für ca. 10 Minuten allein. Bleibe mit geschlossenen Augen sitzen. Nutze die Zeit, die neuen Energien in dir zu spüren, und lass dich erfahren, was es heißt, in der *Ancient-Master-Healing*-Kraft zu sein. Lass die Energie durch dich fließen und aus deinen Poren herausstrahlen. Bleibe ganz bei dir und sprich noch in Gedanken deine eigenen Dinge mit den Meistern des Lichts an, bevor auch sie sich verabschieden und an ihre Werke gehen."

Wenn du nach zehn Minuten zurückgekehrt bist, nimm wieder Platz auf deinem Stuhl und beende die Feier.

„Zur Feier deiner Einweihung treten nun alle spirituellen Freunde, die hier anwesend sind, vor. Sie stehen vor dir, begrüßen dich als Mitglied in ihrem Kreis und gratulieren dir. Spüre die Energien der Liebe, des Lichts und der Freude. Und sei gewiss, dass jeder hier Anwesende dich auf deinem Weg zu wahrer Meisterschaft auf Erden in Liebe und Freude begleiten wird. Du brauchst nur darum zu bitten, wenn du glaubst, sie verloren zu haben, und sie werden zur Stelle sein. Nimm jetzt Kontakt auf mit den Wesen, deren Hilfe dir für die nächste Zeit am wichtigsten erscheint.

Lass uns nun gemeinsam stillen Dank sagen an alle, die heute hier waren, um deine Initiation in *Ancient-Master-Healing* zu feiern. Sagen wir ganz besonderen Dank an Miranlaya, Metatron, Lady Nada, Lady Kwan Yin, Sananda, Lady Gaia und Saint Germain.

Nun danken wir der höchsten göttlichen Quelle für dieses wundervolle Geschenk. Ich persönlich danke, dass ich mich selbst erwählt habe, dich einweihen zu dürfen. Es war eine ganz wunderbare Erfahrung. *(Sprich hier deine eigenen Worte.)*

Ich bitte jetzt darum, den Kristalltempel aus Licht, der uns die ganze Zeit hier umhüllt hat, langsam wieder zurückzuziehen in die Hallen des Lichts, in denen er zu Hause ist.

Öffne jetzt langsam deine Augen und kehre zurück in die Realität dieser Erdendimension. Willkommen."

Nach deiner Einweihung

Nun lass mich dir von Herzen gratulieren. Du wirst dich jetzt sicherlich völlig entspannt, voll innerem Frieden, Freude und ausgefüllt fühlen.

Am besten ist es, wenn ihr beide euch jetzt einen kleinen Imbiss gönnt, damit ihr wieder völlig hier auf der Erde ankommst. Die Energie der Meister ist jetzt dauerhaft mit der deinen vereint, und du wirst sie nie mehr verlieren. Vielleicht mögt ihr noch einige Zeit miteinander in der Energie verweilen und eure Erfahrungen austauschen.

Ich wünsche dir, dass du dir dieses In-dir-Ruhen bewahrst und dein Leben ein Fest der Freude ist.

Die nächsten Seiten in diesem Buch befassen sich jetzt mit der Zeit nach deiner Einweihung. *Ancient-Master-Healing* sollte über einen Zeitraum von 21 Tagen konsequent angewendet werden, damit du völlig mit dieser Energie verschmilzt.

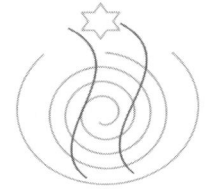

Die Integration deiner Einweihung (21-tägige Heilungsphase)

In den nächsten 21 Tagen ist es für dich wichtig, dass du deine Integration intensivierst und zur festen Verbindung werden lässt.

Am besten ist es, wenn du dir feste Zeiten einrichtest, um deine Integrationsanrufungen durchzuführen. Teste hierzu selbst, ob dir der Morgen oder der Abend besser zusagt. Viele Menschen können nicht besonders gut schlafen, wenn sie die Übungen auf den Abend verlegen, weil sie danach zu energetisiert sind. Doch das muss für dich nicht unbedingt zutreffen.

Dazu wählst du dir eine Meditation aus der Einweihung hier aus diesem Buch, die du mindestens sieben Tage lang durchführst. Du kannst dir diese Meditation auf Kassette sprechen, wenn dieses für dich hilfreich ist. Selbstverständlich kannst du auch zwei Meditationen wählen, oder auch das gesamte Programm, wenn es für dich zeitlich einzurichten ist. Folge hier ganz und gar deinem Gefühl. Ihr könnt euch jedoch auch gegenseitig, wenn ihr mögt und es zeitlich einteilen könnt, die Meditation vorlesen, das verstärkt eure gemeinsame Erfahrung.

Nach diesen sieben Tagen kannst du die gleiche Meditation weiterführen oder zu einer anderen wechseln, ganz wie du magst. Wichtig ist, dass der 7/14/21-Tage-Zyklus beibehalten wird.

Zusätzlich führe bitte täglich durch:

Aufladen deines Körpers und deiner Hände mit der *Ancient-Master-Healing*-Kraft. Diese Energie wirkt circa 24 Stunden durch dich und aus dir heraus. Daher am besten immer den gleichen Zeitpunkt, am besten sofort morgens nach dem Aufwachen, wählen.

Als intensivste Aufladung empfehle ich die Meditation 1, Seite 157, aus der Einweihung durchzuführen und dann in der zweiten Woche Meditation 2, Seite 165, in der die Meister die Voreinweihung vorgenommen haben.

Wenn du also deine 21-tägige Integrationsphase in dieser Art durchgeführt hast, empfehle ich dir, eine der beiden Meditationen (Seite 157 oder Seite 165) noch einmal für sieben Tage druchzuführen.

Wenn du nur wenig Zeit hast, dann nimm die Kurzaufladung auf der folgenden Seite.

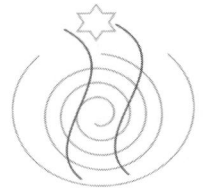

Kurzaktivierung der *Ancient-Master-Healing*-Energie

Dieses ist eine Kurzübung, die du dann durchführen kannst, wenn du nur sehr wenig Zeit hast. Nach Ablauf der einundzwanzig Tage ist meine Empfehlung folgendermaßen:

Ein Mal wöchentlich führe Meditation Nr. 2 durch und, wenn du magst, auch gerne die Meditation Nr. 1. Danach vollziehe täglich diese Kurzaufladung.

Gerade hinstellen, Handflächen nach oben über den Kopf.

Das Licht der Quelle vorstellen, visualisieren oder denken.

Dieses Licht, von Metatron und Miranlaya gelenkt, durch dein göttliches ICH BIN durch alle höheren Chakren in das Kronenchakra hineinleiten, bis zum Herzchakra.

Hier sammeln und zum Mittelpunkt der Erde – Verankerungschakra leiten.

Das Licht aus dem Mittelpunkt der Erde – Verankerungschakra – den Lichtkanal hoch und bis zum Herzzentrum leiten.

Von oben immer ins Herzzentrum nachfließen lassen. Es reicht deine Absicht, dann fließt es automatisch.

Gleichzeitig die Hände mit dem durch Metatron und Miranlaya geformten Kristalllicht aufladen, und dann:

Vom Herzzentrum ausgehend das Licht über die Arme in die Hände fließen lassen.

Wenn du das Fließen in den Handflächen spürst, die Energie verankern (Quelle, Herz, Arme, Hände, Herz der Erde). Arme wieder nach oben.

Visualisiere dann die Lichtsäule, das verbundene Band mit deinem Dual und umhülle dich damit, bis du dich völlig integriert fühlst.

Bestätige laut:

„Ich bin vom Licht und im Licht. Ich bin göttliche Vollkommenheit auf allen Ebenen meines Seins. Das Licht der Quelle durchstrahlt mein ganzes Sein."

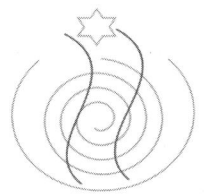

Die Einweihungs-Meister-Essenz

Kwan Yin und Lady Nada kreierten miteinander die wundervolle Essenz, die du mit deiner Einweihung erhalten hast. Diese Essenz wird dein Gleichgewicht aufrechterhalten und deine Integration vervollkommnen.

Die Bestandteile der Essenz sind frische Blüten, Gewürze und frische Kräuter in unterschiedlichen Ansätzen.

Kwan Yin führte mich behutsam und doch bestimmt zu den Blüten. Sie gab mir genaue Anweisungen, wie und mit welchen Mitteln die Blüten angesetzt werden sollen, damit sie ihre gesamte Kraft an die Meister-Essenz weitergeben können, die du in deinen Händen hältst. Ich habe mich mit den Devas der Blüten in Verbindung gesetzt, bevor ich die Blüten von der Pflanze entfernte. Alle Blüten-Devas gaben freudig ihr Einverständnis, uns in dieser Form zu Diensten zu sein.

Das intensivste und spaßigste Erlebnis hatte ich mit den Gardenienblüten. Seit Jahren versuche ich immer und immer wieder, diese wunderschönen Gardenien zu halten, was mir jedoch immer nur kurzfristig gelang, da diese Blumen sehr viel Luftfeuchtigkeit benötigen und ich das Einsprühen immer wieder vergaß. Nachdem Kwan Yin mir die erste Anweisung gab, Gardenien zu nehmen, dazu noch in einer Jahreszeit, in der ich keine bekommen konnte, war ich ziemlich mutlos.

Ich gab jedoch nicht auf, und siehe da, ich fand eine wunderschöne Gardenie mit vielen Knospen. Doch leider wollte das gute Stück nicht blühen, wie sehr ich ihr auch zuredete. In der Zwischenzeit besorgte ich mir die anderen Pflanzen.

Plötzlich jedoch, von einem Tag auf den anderen, begannen meine Gardenien, die mittlerweile zu zweit waren, geradezu zu explodieren. Eine Blüte nach der anderen öffnete sich. Ich vergaß allerdings über meiner Freude völlig, dass die Blüten ja für die Meister-Essenz gedacht waren. So weckte mich eines Morgens die vertraute Stimme von Lady Kwan Yin, die mich fragte: „Glaubst du denn wirklich, ich lasse all diese Blüten erblühen, damit du sie nur anguckst und welken lässt?" Mir war natürlich sofort klar, was sie meinte, und so stand ich schnell auf, entschuldigte mich für meine Dusseligkeit und sprach mit der Pflanze. Nachdem mit der Seele der Pflanzen alles besprochen war, schnitt ich die ersten Blüten für die Meisteressenz ab und behandelte sie nach der Anweisung von Lady Kwan Yin.

Lady Kwan Yin erteilte mir dann den Auftrag, Essenzen aus Orangenblüten, Lavendel, Jasmin, Rosen und Holunderblüten herzustellen. Woher nur bekommt man/frau mitten im Winter Orangenblüten und die anderen Sommerblüher? Dass die Meister sich nicht um solche Kleinigkeiten kümmern, ist mir zwar hinreichend bekannt, doch haben sie auf wunderbare Weise die Essenz entstehen lassen. Ich erstand einen wunderbar blühenden Orangenbaum, der, zu Hause angekommen, seine Blüten freiwillig schenkte. Sie gingen den Weg der Gardenie. Dann habe ich sehr schnell Lavendel besorgt und im Garten ausgepflanzt, und hier auf dem Land blüht der Holunder in solchem Überfluss, dass ich keine Mühe hatte, entsprechende Essenzen herzustellen. Die Rosen und Hagebuttenblüten blühten sowieso im Überfluss in meinem Garten, nur die Lotosblüte bereitete ein wenig Probleme. Ich erstand einige Samen zu einem Preis, der seinesgleichen sucht, und pflegte meine kleine Lotusblume mit Hingabe und Freude.

Ich bedanke mich ganz besonders herzlich bei Margit, die mir bei der Suche nach einer Lotusblume behilflich war und auch andere Blüten bei ihrer Freundin, die eine Gärtnerei besitzt, bekommen konnte. Danke an die wunderbare Gärtnerin, die so liebevoll und willig ihre Blumen beschnitt, um uns zu helfen, die Meister-Essenz zu gestalten. Die Herstellung der Essenz zog sich somit über beinahe ein ganzes Jahr hin, doch das Ergebnis ist wunderbar.

Nun kamen als Letztes noch einige ebenfalls selbstgezogene Kräuter hinzu, die Kwan Yin mir nannte, und die Meister-Essenz war geboren. Die Grundsubstanz wurde von den Meistern energetisiert, und das Fläschchen für den Neu-Eingeweihten ist bei jeder Einweihung zugegen. Somit ist gewährleistet, dass sie bei jeder Einweihung wieder erneut mit zusätzlicher Kraft versorgt wird, die genau dem Einzuweihenden, der gerade anwesend ist, zugute kommt.

Nimm von deiner Essenz möglichst täglich einen Tropfen vor oder nach deiner Übung. Du kannst die Essenz auch gerne verdünnen, da das homöopathische Prinzip wirksam ist.

Dazu gib in eine 10 ml Pipettenflasche sieben Tropfen. Diese fülle mit Cointreaux (Orangenlikör) oder Wasser auf. Bitte nimm keinen anderen Alkohol, da die Meister genau diese Sorte erwählt haben.

Die zweite Essenz besteht aus reinem Gold, Diamant, Larimar und weiteren Edelsteinen, die nach einem speziellen Verfahren hergestellt werden. Wir legen hierzu nicht die Edelsteine, wie allgemein üblich, in Wasser oder Alkohol, sondern nutzen den gemahlenen Stein und die Unterstützung der Hohen Seele der Edelsteine, so dass die Wirkung vollkommen ist.

Das Salbungsöl wurde nach einem alten Rezept der lemurischen Tempel hergestellt und aktiviert die Zentren.

Alle Essenzen und das Öl sind von den Meistern vorenergetisiert. Sie werden in deiner Einweihung auf deine ganz persönliche Energie zusätzlich eingestellt, so dass sie für dich die größtmögliche Wirkung haben.

Was jetzt geschehen kann und wie es weitergeht

Du stehst am Neubeginn von etwas Unbekanntem, nämlich deinem Leben als Meister-Schüler des Lichts und der Prüfungen, wie du mit deiner Karmabefreiung umgehst.

Du wirst sicherlich einige Tage des Hochgefühls, der absoluten Gelassenheit erfahren, doch: Manchmal ist dieses Neue verwirrend, und du hast vielleicht das Gefühl, deine neuen Erfahrungen nicht richtig einordnen zu können. Manchmal fühlst du dich vielleicht falsch in deinem Leben, und hin und wieder kommen alte Muster hoch.

Dies alles sind Zeichen dafür, dass du dich für die Meisterebenen öffnest, dich mehr und mehr in die allumfassende Liebe hineinbegibst und deiner Heilung den göttlich bestimmten Lauf lässt.

Lerne einfach zu sein. Dies ist eine neue Bestätigung. Einfach sein bedeutet, urteilsfreie Liebe sein und die Meisterschaft erlernen, das Urteil und vertraute Illusionen über die Welt als Ganzes, über dich selbst und andere Menschen mehr und mehr abzustreifen.

Deine Aufgabe in den nächsten Wochen und Monaten wird darin bestehen, alles, was dir den Weg zu deinem ICH BIN und deiner Lebensaufgabe versperrt, aufzugeben und zu transformieren. Das kann zum Teil sehr schmerzhaft sein, wenn du an altem Verhalten festhältst. Wenn sich diese Situationen dir zeigen, werden dich die Loslassprozesse, durch die du eventuell gehen willst, auch sehr befreien. Lerne loslassen, was deinem Weg nicht dienlich ist, und gehe deinen Weg im Vertrauen auf die feste Verbindung zu deiner Seele, die sich mehr und mehr in deinem irdischen Sein integriert, egal, was geschieht.

Wenn Menschen und/oder Dinge sich aus deinem Leben verabschieden wollen, erkenne, dass du selbst, als deine Seele, diesen Weg gewählt hast, um endlich frei zu sein von Illusionen. Um frei zu sein von alten Erfahrungen der Begrenzung. Frei zu sein, dein Leben und deine Meisterschaft täglich aufs Neue zu erschaffen, in jeder Stunde und in jedem Augenblick deines Lebens. Dann wird auch das Loslassen ganz leicht und kann dich innerhalb kurzer Zeit befreien.

Ancient-Master-Healing ist *DER* Wendepunkt in deinem Leben. Betrachte das Leben als göttliche Komödie, betrachte jeden und alles als Spiegel deiner Selbst. Negative Gefühle, Begegnungen und Erfahrungen sind der Spiegel deiner eigenen Begrenzungen. Wenn du durchs Leben gehst und alles, was dich stört, als das Fehlen deiner eigenen Vollkommenheit betrachtest, daran arbeitest, in Gelassenheit die Welt und die Dinge zu sehen, dann bist du in kurzer Zeit zu einem Meister deiner Welt geworden und innerlich und äußerlich frei. Du erkennst:

ICH BIN die URSACHE für alles, was in meinem Leben ist.
ICH BIN der MEISTER meiner selbst erschaffenen Welt.
ICH BIN die einzige MACHT in meinem Leben, die etwas bewirken kann

Damit veränderst du deine Einstellung und wirst frei von jeder Illusion der Trennung und der Bewertung. Das ist wahre Freiheit im Sein und im Sinne der unendlichen, bedingungslosen Liebe.

Du hast immer die Wahl. Darum bleibe bei deiner Wahl für dein Leben in Freiheit und Liebe.

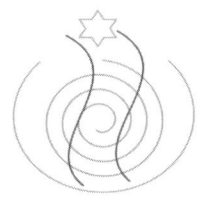

Tägliche Befreiung von Karma und karmischen Verstrickungen

Miranlaya und Metatron schenken uns mit der Einweihung in *Ancient-Master-Healing* den Zustand zurück, den vollkommen selbstermächtigen Zustand, den wir hatten, als wir uns erstmals auf dieser Erde verkörperten. Durch die Aufgestiegenen Meister Kwan Yin, Lady Nada, Jesus Sananda und Saint Germain hast du die Heilung deines alten Karmas erfahren. Mit dem folgenden Ritual darfst du nun jedes neue Karma erlösen, das du täglich unbeabsichtigt ansammelst. Mit deiner Einweihung in *Ancient-Master-Healing* wurde dein altes Karma aus all deinen Inkarnationen ausgelöscht. Mit der täglichen Aktivierung erfährst du neue Heilung, wenn du darum bittest.

Die Meister betonen, dass dies in Übereinkunft mit den Hütern des Karmas geschieht. Sie sind immer in deiner Nähe, wenn du diese Karmaheilung in Hingabe an deinen Seelenweg durchführst. Die Quelle selbst hat uns durch Miranlaya und Metatron dieses Geschenk übergeben, damit du als Lichtbringer den Mangel in deinem Umfeld auf unserer Erde heilen und unterstützen kannst. So kann die Sternensaat sich wichtigeren Aufgaben zuwenden, nämlich, das Licht auf dieser Erde neu zu verankern, anstatt den Kreislauf von Ursache und Wirkung noch weitere 12.000 Jahre zu wiederholen. Dieses Karmaspiel könnten wir bis in alle Ewigkeiten spielen, doch für viele von uns ist es müßig, damit weiterzumachen, denn wir haben alles erfahren, was es in dieser Dimension zu erfahren gibt. Jeder Mensch, der mit dir karmisch verbunden ist, und das ist jeder, mit dem du je zu tun hattest und noch hast, ist mit dir karmisch wie durch unsichtbare Schnüre verbunden. Diese Schnüre zu entfernen ist die Aufgabe, die du bei jeder karmischen Heilung durchzuführen hast. Damit erlöst du auch das Karma der anderen Wesen zu dir. Dies ist ein großer Beitrag auf dieser Welt.

Die karmische Heilung findet im Vierer-Gespann des Solarplexus, des Thymuschakras, des Herz- und Halschakra-Bereiches statt. Karma entsteht immer durch das Fehlen der urteilsfreien Liebe zu anderen und der urteilsfreien Selbstliebe aus einer fehlgeleiteten Kommunikation, Egospielen und fehlgeleiteten Machtausübung, die aus der mangelhaften oder unvollständigen Verbindung durch das unerlöste Thymuschakra entsteht. Das Thymuszentrum bildet die Brücke zwischen Solarplexus, Herz und Hals als Sitz der Kommunikation. Es entsteht natürlich auch durch dein Denken, und vor allem durch die Erwartung, dass du jetzt karmisch neu belastet bist.

Lass die silberne Flamme, die mit leichtem violetten Schimmer durchzogen ist, um dich herum entstehen, indem du sie in dir aktivierst und, wenn du magst, Saint Germain dazubittest.

Stelle in Form eines Dreiecks aus goldenem Licht eine imaginäre Verbindung her zwischen diesen vier Bereichen.

Halte deine Hände rechts und links vor dein Thymuschakra. Lass die Energie durch deine Hände in die Chakren fließen. Stell dir vor, wie diese Zentren größer und klarer werden, während du einen immer größeren Kreis (öff-
nende Spirale) mit deiner dominanten Hand beschreibst.
Du öffnest dabei symbolisch eventuelle Verhaftungen und
Verhärtungen. Sprich dabei:

„ICH *(DEIN NAME)* BIN JETZT bereit, all meine Glaubenssätze über das Karma und über mich selbst erneut
loszulassen."

Sende *Ancient-Master-Healing* in und durch deine
Chakren und sprich:

„ANCIENT-MASTER-HEALING ERLÖST JETZT ALL
MEINE KARMISCHEN SCHULDEN, die heute entstanden
sind zwischen mir und *(Name)* in dieser Situation."

Visualisiere den Menschen und stell dir die Situation
so vor, wie sie liebevoller und göttlicher ist, wie es einem
bedingungslos liebenden Menschen gemäß ist. Gestalte
diese Situation noch einmal auf der geistigen Ebene, bis
es zu einem harmonischen Abschluss kommt.

Lege deine dominante Hand auf dein Herzchakra und
ziehe die karmische niedere Energie und die verbinden-
den Bänder heraus. Stell dir dabei bildhaft vor, wie diese
Bänder sowohl aus dem Solarplexus, aus dem Herzcha-

kra, deinem Thymuschakra und deinem Halschakra kommen und sprich deine eigenen Worte.

Wiederhole immer diesen gleichen Vorgang, indem du alles ansprichst, von dem du JETZT frei sein möchtest. Bearbeite hier vor allem das neue Karma des letzten Tages, doch wenn dir alte Dinge dazu in den Sinn kommen, die ähnlicher Struktur waren, nimm diese hinzu. Alles, was dir aus deiner Vergangenheit in Erinnerung kommt, wovon du dich noch belastet fühlst, nimm hinzu.

Schüttele deine Hände und übergib die freigesetzte Energie, und vor allem die schnurartigen Verbindungen, jedes Mal in die silber-violette Flamme der Erneuerung und Transformation, die durch Saint Germain um dich herum aufrechterhalten wird, während du deine Arbeit machst. Du brauchst dich also nicht um die Visualisierung der Flamme zu sorgen.

Lege zum Abschluss beide Hände an den Punkt zwischen Herzzentrum und Thymus zurück, atme tief ein und aus und bestätige:

„Ich fühle, wie meine Herzensflamme sich ausdehnt und die Bereiche meines Solarplexus, meines Herzzentrums, meines Thymus und meines Kehlchakras mit *Ancient-Master-Healing* ausfüllt, heiligt und heilt.
Ich bin selbst die Kraft der silber-violetten Flamme und verwandle mein Leben in Göttlichkeit.

Ich gebe jetzt diesen Menschen frei, der durch mich karmisch verbunden war. Ich bin frei und ruhe in der sanften Umarmung meiner großen Seele. Du *(Name des Beteiligten)* bist auch frei. Ich gebe dich frei von allen karmischen Lasten an mich in Ermächtigung meines multidimensionalen Seins.

Die Kraft der göttlichen Vollkommenheit erfüllt mein ganzes Sein."

Fernheilung

Du kannst mit *Ancient-Master-Healing* eine Fernenergieübertragung bei Menschen, Tieren und in den Naturreichen durchführen. Doch bedenke immer:

Eine Energieübertragung darf NUR dann ausgeführt werden, wenn dich ein Mensch um spirituelle Heilkraft bittet, oder wenn du von der Seele des Betreffenden die ausdrückliche Erlaubnis erhalten hast. Überprüfe vorher immer deine wahren Beweggründe, einem anderen Menschen helfen zu wollen. Bedenke, dass jedes ungefragte Heilen einen Eingriff in den im ganzen Universum heiligen freien Willen darstellt. Bevor du eine Fernenergieübertragung durchführst, bitte auf jeden Fall *immer* um das Höchstbeste für jeden Empfänger und dass die Energie dahin geführt wird, wo sie gebraucht wird.

WICHTIG ist und bleibt immer: Zuerst heile dich selbst.

Bitte nimm während deiner 21-tägigen Integrationsphase keine Behandlung – auch keine Fernbehandlung – an anderen Personen vor. (*Einzige Ausnahme: absolute Notfälle, oder du hast eine entsprechende Praxis.*)

Vorgehen bei der spirituellen Fernübertragung

Halte deine Hände auseinander und sich gegenüberüberliegend. Sei gewiss, in deiner Lichtsäule zu sitzen, und dann verbinde dich durch dein Tempelchakra mit deinem ICH BIN. Visualisiere dein ICH BIN und dich auf deinem Stuhl sitzend, in tiefer Verbindung mit der Quelle allen Lichtes. Visualisiere deine Lichtröhre, in der du geschützt und begleitet bist. Aktiviere die *Ancient-Master-Healing*-Kraft und lass sie durch dein Herz in deine Hände fließen.

Stell dir den Menschen (das Tier, den Ort etc.) vor, den du behandeln möchtest, und sieh ihn vor dir. Nimm eventuell ein Foto, einen Teddy, oder eine Puppe etc. als Stellvertreter vor deine Hände. Knüpfe eine Verbindung aus Licht zwischen deinem Herzzentrum und dem Herzzentrum der anderen Person. Halte diese Verbindung während der Sitzung aufrecht. Wenn du die Reiki-Symbole beherrschst, dann kannst du diese zur Unterstützung der Kontaktaufnahme hinzunehmen, wenn du magst. Das ist jedoch nicht notwendig.

Frage nun die Seele des anderen Menschen, ob sie diese Energieübertragung von dir empfangen möchte. Wenn du ein klares JA in dir verspürst, dann visualisiere das Licht aus der Quelle auf eurer beider ICH BIN.

Summe oder singe deinen vereinten Seelenton mit deinem Erdenklang und lass auch diesen durch alle Chakren fließen. Singe in diesem Ton die Worte: „Du bist vollkommene Göttlichkeit. Diese Göttlichkeit wird jetzt in dir neu erweckt und heiligt dein ganzes Sein."

Beginne mit der Energieübertragung beim Tempelchakra über dem Kopf des Empfängers und gehe langsam nach unten, indem du *Ancient-Master-Healing*-Energie von der Quelle durch dein ICH BIN, durch dein Tempelchakra in dein Herzzentrum hineinfließen lässt. Verbinde dies mit der Erdenkraft. Lass es in deine Hände strömen und sende beides aus deinen Händen in die Zentren der Person, welche deine Kraftübertragung wünscht. Denke vor allem an die spirituellen Drüsen und behandle die einzelnen Chakren. Lass die Kraft immer aus deinem Herzen in deine Hände und von dort in die Zentren des anderen Menschen fließen.

Bleibe so lange an der gleichen Stelle, bis du das Gefühl hast, dass die Energie angekommen ist und die Selbstheilungskräfte aktiviert sind. Sende Energie in den ganzen Körper, beginnend beim Tempelchakra bis hinunter zum Stern der Erde im Mittelpunkt der Erde, genauso, als würde der Mensch vor dir stehen, so, wie du dich selbst energetisierst. Wenn du spürst, dass die Energie zwischen deinen Händen nicht mehr klar fließt, dann übergib sie an die silber-violette Flamme. Lass dann wieder frische Energie aus deinen Händen fließen und gehe weiter wie zuvor beschrieben.

Beende die Anwendung, indem du die frei gewordene Energie des anderen Menschen (Tieres, Reiches etc.) zur Erneuerung und Transformation hinauf in die silber-violette Flamme sendest und dich bedankst für das vollkommene Wirken des Prozesses.
Bade dann kurz im Gold-Lavendel-Licht von Lady Kwan Yin.

Fernheilung für die Naturreiche und für Mutter Erde

Diese Energieübertragung hilft unserer Erde und schenkt ihr einen Teil ihrer bedingungslosen Liebe für alles, was auf und in ihr lebt, zurück. Sie schenkt der Erde und allen Reichen der Natur einfach nur Liebe und die Möglichkeit, Heilung zu empfangen, zu verwandeln, anzunehmen und weiterzugeben. Doch vor allem deine ganz persönliche Energie, indem du deinen vereinten Ton in dir aufsteigen lässt und in die Erde sendest.

Damit werden auch die menschlichen Bewohner unseres Planeten auf einer unbewussten Ebene erreicht. Jedes Erwachen eines einzelnen Menschen erreicht die gesamte Menschheit und ermöglicht dieser dann zu erkennen, dass sie selbst göttlich ist. Mutter Erde befindet sich ebenso im Aufstieg und in der Bildung ihres Lichtkörpers wie wir Menschen. Mutter Erde benötigt jede Unterstützung, die wir ihr in Liebe geben können und wollen. Das Senden von *Ancient-Master-Healing* unterstützt die Erde auf vielen Ebenen. Je mehr Menschen diese Erdheilung vollziehen, desto mehr schöpft auch die Seele unseres Planeten Kraft, diese Liebe zu erwidern und damit den Aufstieg für viele zu fördern.

Rufe Sanat Kumara und bitte ihn, dich darin zu unterstützen, der Erde Liebe zu geben. Bitte sodann auch Lady Gaia an deine Seite. Bedanke dich für ihr Sein und ihre bedingungslose Liebe zu uns allen, die wir auf ihr leben. Lade dich mit der Unterstützung von Metatron und Miranlaya mit der heilenden Energie auf. Dann lass die *Ancient-Master-Healing*-Energie immer in Verbindung mit deinem Klang fließen. Verbinde dein Herzzentrum durch ein Lichtband mit dem Herzzentrum von Lady Gaia. Visualisiere Gaia.

Jetzt lege dich auf die Erde, entweder auf den Bauch oder auf den Rücken, und spüre die Kraft der Erde unter dir. Lege dein Ohr auf die Erde. Lausche dem Ton der Erde und dem Ton in dir. Lass diesen, deinen ganz eigenen Ton ganz sanft über deine Lippen fließen.

Wenn du das Fließen der Ancient Energie spürst, dann singe in diesem Ton laut: „ICH BIN das Licht, das ich bin, aus dem Licht der Quelle der universellen Einheit."

Lass zusätzlich die silber-violette Flamme in deinen Händen aufflammen und halte beide Hände auf oder über der Erde. Du sendest *Ancient-Master-Healing* und deinen ganz persönlichen Klang durch die Erde.

Sprich dabei: „ICH BIN göttliches Licht und göttliche Liebe. Ich sende Herzenswärme und die Kraft meiner selbst an Mutter Erde, an alle Wesen auf dieser Erde, in alle Reiche der Natur. Geliebte Erde, ich erfülle dich und all das, was du bist, mit meinem Klang, mit heilender Energie und mit meiner Liebe."

Nun lass die *Ancient-Master-Healing*-Energie und deinen dir ganz eigenen Ton sanft aus deinen Händen fließen.

Wenn du magst, dann tritt in Verbindung mit den Kontinenten und lass die Energie aus deinem Herzen und aus deinen Händen fließen.

Nimm Verbindung auf mit dem Volk der Elfen. Sende Ihnen mit all der Liebe, derer du jetzt fähig bist, deinen Klang und *Ancient-Master-Healing* in ihr Reich. Verbinde dich mit dem Reich der Zwerge und verfahre gleich. Danach sende Klang und *Ancient-Master-Healing* an das Volk der Nixen, an das Reich der Devas und nacheinander an das Reich aller Naturgeister, an die Lords und Ladys der Himmelsrichtungen, an die Elemente, an die Erd- und Wassergeister, an die Beschützer der Gitternetze, vor allem an die Beschützer des neuen Christus-Netzes und an das Tierreich.

Sende auch immer wieder deinen eigenen Ton, vermischt mit *Ancient-Master-Healing*-Energie, an die Ozeane und danach an das Mineral- und Pflanzenreich.

Bitte Saint Germain, Sanat Kumara, den Logos unserer Erde, und die Aufgestiegenen Brüder und Schwestern, die transformierte Energie immer dorthin zu senden, wo sie gerne genommen und kein freier Wille verletzt wird.

Nachwort

So darf ich dir nun gratulieren, denn du hast dich aufgemacht, um aktiv deinen eigenen Aufstieg zu fördern und dein eigenes Umfeld mit Licht zu erfüllen.

Ancient-Master-Healing ist so viel mehr, als ich es mit Worten allein beschreiben kann. Es hat mir so unendlich viel geschenkt und tut es bis heute, da diese Kraft zu jeder Zeit zwar sanft, aber doch bestimmt den Weg der Seele integriert. Dies ist mit immer neuen Lernerfahrungen und Möglichkeiten des Wachstums verbunden.

Obwohl ich, seit ich diesen Planeten Erde erneut betrat, mich mit Allem-was-ist verbunden fühlte, obwohl ich bereits als Kind alles infrage stellte, was mir als die reale Welt verkauft werden sollte, obwohl ich als Kind ein ganz anderes, eigenes Verständnis von Gott, Jesus und der Liebe hatte, als die Welt sie gepredigt bekommt, und obwohl ich mein Leben lang immer wieder durch die Kraft meiner Seele auf meinen Weg zurückgeführt wurde, wenn ich ihn verloren hatte, ist *Ancient-Master-Healing* die großartigste Erfahrung meiner tiefen Suche nach mir selbst.

Als die Meister mich im Jahre 1999 baten, mit ihnen gemeinsam alles zu erinnern, was wir in Wahrheit sind, und ich diese kraftvolle Einweihung durch sie erfahren durfte, war ich voller Demut und tiefer Dankbarkeit. Doch als sie mich baten, diese Heilkunst der Welt durch ein *An-*

cient-*Master-Healing*-Seminar zum Geschenk zu machen, dieses Geschenk durch eine Internetseite bekanntzumachen, trafen mich alle meine tiefsten Gefühle von Angst vor Verfolgung, nicht gut genug, nicht würdig zu sein, viel zu klein zu sein, und vor allem davor, mich lächerlich machen, so unverhofft, dass ich ablehnte.

Alle alten Gefühle von Viel-zu-klein-zu-Sein und, vor allem, dass es gefährlich ist, mit solchen Dingen unter meinem eigenen Namen an die Öffentlichkeit zu treten, verursachten mir beinahe körperliche Schmerzen. Wieso sollte gerade ich so großartig sein, eine solch universelle Kraft auf diese Erde zu bringen? All dies waren die tiefen Gefühle aus alten Erfahrungen in meinem Zellgedächtnis, die ich längst erledigt und bearbeitet glaubte.

Durch all diese Unwertigkeiten begleiteten mich die Meisterinnen und Meister voller Liebe, Mitgefühl, Verständnis und mit ihrem Dasein. Das Universum sucht sich den eigenen Weg, um unsere Zweifel und Ängste zu heilen, wenn wir bereit sind. In all meinen Zweifeln kamen immer mehr Menschen in meine anderen Seminare, die plötzlich eine Annäherung an Sananda wünschten, die Lebensfreude und Angebundensein wirklich erfahren wollten.

Sananda und die anderen Meister lächelten nur, wenn ich schwieg und nichts verlauten ließ über meine Einweihung. Bis eines Tages eine Polin zu mir kam. Sie hatte eine 24-stündige Busreise hinter sich, war sehr erschöpft und bat mich darum, ob ich sie nicht zusätzlich in die E-nergie von Sananda einweihen könnte. Sie berührte mein Herz, und ich spürte meine Seele, die ganz klar JA sagte. So setze ich Barbara in den Sonnenschein in den Garten, bat sie, sich auszuruhen, und ging dann mit Sananda in die Stille, der mir in zwei Stunden die Rohfassung von *Ancient-Master-Healing* diktierte. In der Nacht zum Sonntag kamen die anderen drei Meister zu mir, und das erste *Ancient-Master-Healing*-Baby war geboren. Barbara erhielt am nächsten Tag die erste Einweihung in *Ancient-Master-Healing*. Sie reiste glückstrahlend in ihre Heimat, und ihr Leben wandelte sich zum Positiven.

Bereits drei Tage später kam Heidi und trug aus sich selbst heraus den gleichen Herzenswunsch vor, nach einer Einweihung durch Lady Nada und Sananda. Auch sie erhielt durch die Meister und Meisterinnen die zweite Einweihung in *Ancient-Master-Healing*.

Mein eigenes Leben stellte sich völlig auf den Kopf. Das befreite Karma zeigte sich mir an jedem Tag, an dem ich neu erwachte. Es kamen Monate, die angefüllt waren mit Aufräumen zwischen mir und meinem Mann, zwischen mir und meinen Kindern, zwischen meinem Dasein und mir selbst. Es waren manchmal tränenreiche, schwere, zweifelnde Zeiten, die doch immer wieder angefüllt waren mit tiefer Freude und einer ganz neuen Liebe zu mir selbst, zu meiner Familie und den Menschen, die meinen Weg kreuzten. Es war der Weg, der für mich der bisher lohnendste aller Wege war.

Ancient-Master-Healing ist gewachsen. Die Einweihungen wurden vor, in und nach den ersten *Ancient-Master-Healing*-Seminaren erweitert und vervollkommnet, je mehr ich die Energie in mir integrierte und meine Ängste vor der „Welt da draußen" loslassen konnte. Dieses Loslassen war ganz plötzlich da, und die *Ancient-Master-Healing*-Seminare waren jeden Monat mit fünf bis sieben Menschen gefüllt. Dann kamen die ausgebildeten Lehrer hinzu, die mittlerweile ebenfalls in Ancient-Seminaren die Einweihungen weitergeben.

So viele Menschen konnten diese wunderbare Kraft in ihrem Leben erfahren und integrieren. Ich bin nach wie vor mit Dankbarkeit und Staunen erfüllt, diesen himmlischen Weg in die Welt tragen zu dürfen.

Nun hast du selbst diesen Weg beschritten und bist auf dem Weg deiner Seele. Ich wünsche dir von Herzen die Erfahrung, die ich und viele andere machen durften, nämlich, dass die Illusion dieser Welt dir nichts anhaben kann und du ein Recht darauf hast, ein glückliches und erfülltes Leben zu leben. Darauf, dass du alles, was dein Herz begehrt, haben und sein darfst und sollst, weil du göttlich bist, und du all dies dir von heute an vom Herzen deiner Seele aus auch schenkst.

Jetzt ist die Zeit, endlich ganz zu erwachen und der Welt in dir und um dich herum das zu schenken, was du in Wahrheit bist. Du bist vom Licht, aus Licht und im Licht.

Mein „Baby" ist erwachsen geworden und wurde hier in diesen Zeilen durch die Meister und Metatron mit Miranlaya noch um einiges erweitert. Ich fühle und weiß, dass deine Selbstermächtigung dich zu dem strahlenden Magneten der Liebe machen kann, der du selbst bist: Zu einem strahlenden Wesen aus Licht, das deine eigene Welt gerade jetzt braucht. Deine Heilung beginnt in deinem eigenen Umfeld und kann von dort aus in die Welt hinausstrahlen. Von diesen Wesen brauchen wir viele in dieser Zeit, die wir uns erwählt haben zu erhellen. *Ancient-Master-Healing* ist nun ein Teil dieser Welt und kann so viele erreichen und erhellen wie niemals zuvor. Ich segne dich für deinen Weg und freue mich, dir begegnet zu sein.

So lege ich dir unser erwachsenes Kind, die Schöpfung, die wir selbst sind, mit *Ancient-Master-Healing* an dein ätherisches Herz und freue mich auf die Arbeit mit dir.

Sei mir von Seele zu Seele willkommen,
Eva-Maria

Stichwortverzeichnis

Aufstieg

Hiermit wird die Verwandlung des dichten Körpers in einen Lichtkörper, sprich in ein Gefäß Gottes, bezeichnet. Dies bedeutet nun nicht, dass du plötzlich durchsichtig bist und durch die Lüfte davonschwebst. Es bedeutet vielmehr, du integrierst deinen Lichtköper mehr und mehr in dein Leben. *Ancient-Master-Healing* hat für diesen Prozess den Grundstein gelegt, und deine dichte Energie wird mit jedem Tag feiner, wenn du in dieser Kraft bleibst. Aufstieg bedeutet auch das vermehrte Herabsteigen deiner Seele und Seelenanteile in deine physische Welt. Je mehr du deine Seele integrierst, desto schneller erfolgt dein Aufstieg. Das bedeutet, desto feiner ist deine energetische Schwingung und desto höher schwingst du. Du verwandelst dich mehr und mehr in einen Aufgestiegenen Meister.

Aufstieg global

Die Erde wird in diesem Zyklus die Dritte Dimension verlassen und sich durch die Vierte in die Fünfte oder gar höhere Dimension begeben. Da Lady Gaia ihren Dienst erfüllt und die Dritte Dimension gemeistert hat, wird sie sich nun mit ihrem Dual vereinen und ihren Weg in höheren Dimensionen weitergehen. Alle Lichtarbeiter und Menschen, die in Liebe zu Lady Gaia den Dienst an sich selbst, an der Erde und der Menschheit gehen, werden sie begleiten.

Andere, die sich für den weiteren Weg in der Dritten Dimension entscheiden, bekommen eine ähnliche Welt wie diese „alte" als Übungsfeld zur Verfügung gestellt.

Aufgestiegene Meister

Sind die Wesen, die hier auf der Erde und in anderen Dimensionen ihre physische Schulung durchlaufen und ihre Energien ins Gleichgewicht gebracht haben. Sie haben eine hohe Schwingungsfrequenz erreicht und müssen nicht mehr inkarnieren, es sei denn, sie möchten es freiwillig. In der heutigen Wendezeit können sie jedoch in den ätherischen Ebenen durch die Öffnung sehr vieler Medien sehr viel mehr bewirken als in physischer Gestalt hier auf der Erde.

Chakra

Dieses Wort kommt aus dem Sanskrit und bedeutet etwa: drehendes Rad, Flammenrad oder etwas sich Drehendes. Die Form der Chakren ist umstritten. Die einen sehen sie als Kugeln, wieder andere als Blütenkelche, die nach vorn – Wurzelchakra nach hinten – offen sind. Wichtig ist, dass die Chakren geöffnet sind und bleiben, denn sie transportieren die Lichtenergie in deinen Körper und versorgen dich mit Lebenskraft und der universellen Lichtenergie. Sorge dafür, dass deine Chakren immer in der geheiligten *Ancient-Master-Healing*-Energie bleiben, und die Lebenskraft ist in dir.

Channeln/Channeling

Das Empfangen und Übermitteln von Botschaften und Energien aus anderen Energiedichte-Dimensionen. Es gibt verschiedene Channelingformen, etwa das Verbal-, das Tanz-, das Mal- und das Heilchanneling. Heute wird das wachbewusste Channeling immer häufiger. Dabei kann man unter anderem das telepathische Übermitteln von Informationen und das Verschmelzen von Energien der gechannelten Lehrer mit der Energie des Channels unterscheiden. Wenn du eine genaue Anleitung zur Erlernung des Channelns benötigst, dann schau bitte auf folgender Website nach. www.sananda-net.de. Hier habe ich eine umfassende Anleitung eingestellt, nach der jede/r, die oder der das Channeln erlernen möchte, arbeiten kann.

GOTT

Das Wort Gott ist stark besetzt, und viele Menschen scheuen sich mittlerweile, dieses Wort zu nutzen. Wir unterscheiden hier bewusst zwischen Gott, der vollkommenen Synthese von weiblicher und männlicher Kraft, der Quelle, die in allem lebt und atmet, deren Teil wir sind, und den Schöpfer-Göttern des Alten Testaments. Der EINE Gott ist unser wahrer, einziger Gott der Liebe und der Gnade, der/die in Allem-was-ist erfahrbar ist; im Gegensatz zu den Herrschern und Kriegern des Alten Testaments, die aus Unwissenheit der damaligen Menschheit zu Göttern erhoben wurden, weil sie „vom Himmel kamen". Mit unserem heutigen technischen Verständnis würden wir diese Götter aller Religionen als Außerirdische bezeichnen, die Kolonien auf dem Planeten Erde begründeten. GOTT, der ALL-EINE, ist die vollkommene Synthese von männlicher und weiblicher Energie. Aus dieser Synthese ist alles entstanden, und zu ihr wird alles zurückkehren. Gott ist das UR-LICHT, die UR-QUELLE und die UR-LIEBE!

ICH BIN

Ist das zuerst entstandene, sich seiner selbst bewusste Bewusstsein. Dieser göttliche Funke, der du in Wahrheit bist, wird auch als Geist, Monade oder Hohes Selbst bezeichnet. Jedes ICH BIN ist die direkte Brücke zur allumfassenden Quelle, in der es fest verankert ist und bleibt. Aus diesem ICH BIN heraus erfährst du deine Schöpferkraft. Es wacht über deine multidimensionale Seele, und damit über all deine Schöpfungen in allen Universen. Über dein ICH BIN kannst du dich mehr und mehr mit all deinen Schöpfungen verbinden und vollkommene Erkenntnis erlangen.

Karma

Ist das universelle Gesetz von Ursache und Wirkung. Alles, was wir erschaffen, müssen wir erfahren, frei nach dem Motto: Die Suppe, die du dir eingebrockt hast, musst du selbst auslöffeln. Wir haben vor langer Zeit entschieden, uns dem Gesetz zu beugen, und somit von Leben zu Leben neues positives und negatives Karma angesammelt. Die Meister und die Hierarchie sagen, dass wir ewig so weitermachen können und haben uns nun in der Zeit des Aufstiegs der Erde die Gnade geschenkt, dass wir von allem Karma erlöst werden, wenn wir darum bitten. Da Karma aus unserem menschlichen Schuld- und Sühnedenken resultiert, ist es auch ausschließlich unser eigenes Denken, das uns im Karma gefangenhält. Die göttlichen Ebenen urteilen nicht. In Gottes Augen sind wir unschuldig und machen lediglich Erfahrungen. Da wir nunmehr die Gnade erhalten, aus dem Rad des Karmas auszusteigen, hat der höchste Rat unserer Dimension die Erlaubnis erteilt, dass er das von uns geschriebene Gesetz, alles aufrechtzuerhalten, was wir mit unserem freien Willen geschaffen haben, auflöst. Darum: Ändere nach deiner Einweihung dein Denken, und dein Karma ist kein Thema mehr, das deinen Aufstieg behindert.

LICHT

Wir reden immer wieder vom Licht. Von Licht und Liebe zum Beispiel. Warum? Licht ist der Ursprung von allem. Auch wir Menschen und Alles-was-ist bestehen aus Licht. Die Meister im Universum sehen uns als Lichtpunkte in vielen unterschiedlichen Farben auf dieser Erde. Je klarer ein Mensch in sich selbst ruht und ein Licht für die Menschheit darstellt, desto heller und klarer erscheint das eigene Licht denn er/sie hat die eigene Lichtfrequenz bereits angehoben. Die Farben und die Helligkeit des Lichts entscheiden letztlich darüber, wie nahe ein Aufgestiegener Meister uns kommen kann.

Metatron und Miranlaya

Der Kanzler Gottes genannt. Denn: Metatron und Miranlaya sind keine Engel im „herkömmlichen" Sinne, sondern die sichtbare Manifestation der Quelle, die Obersten der universellen Energie in unserem Universum. Metatron und Miranlaya werden als Kanzler Gottes, ein Wesen, das Gott am nächsten ist, bezeichnet. Sie könnten auch bezeichnet werden als die sichtbare Gestalt des Schöpfers von Allem-was-ist. Metatron und Miranlaya sind die sichtbare Manifestation Gottes, des Schöpfers, die Stimme Gottes und die Schöpfer des sichtbaren Universums. Sie sind die ersten aus der Quelle entstiegenen Ich-Bewusstseine, die wir für den Schutz unseres Universums gewählt haben. Metatron und Miranlaya sind die wieder vereinten Begleiter des Aufstiegs. Um die Göttlichkeit zu erfahren und zu schauen, müssen wir lernen, das wahre, reine Licht in uns hineinzulassen, unseren Lichtkörper neu erschaffen und uns für den Aufstieg bereit erklären. Für diese Transformationsarbeit sind Metatron und Miranlaya in dieser Zeit in unser Bewusstsein zurückgekehrt. Wenn du also intensiven inneren Kontakt zu Metatron und Miranlaya hast, dann arbeiten sie und ihre Helfer mit dir auf Ebenen, die in der Neunten Dimension angesiedelt sind. Deine Inspirations- und Transformationsarbeit findet in der Regel während deines Nachtschlafs statt. Metatron und Miranlaya sind die Hüter der Schwelle und sorgen dafür, dass keine Seele das volle Licht betritt, bevor nicht alle Seelenanteile bereit sind.

Sananda

Ist ein Name aus dem Sanskrit und bedeutet soviel wie: Der Glückselige, Träger und Bringer von Glückseligkeit. Sananda hat sich verpflichtet, seine ganze Kraft in den Aufstieg der Erde zu geben und jeden Menschen darin zu unterstützen, der diesen Weg auf Erden wählt. Sananda lebte unter anderem als Lehrer und Lichtbringer vor 2000 Jahren in der Gestalt des Jesus auf dieser Erde. Seine Lehren, die er im inneren Kreis seinen auserwählten Schülern gab, sind bis heute als Geheimwissen bekannt. Die kirchlichen Lehren des Jesus von Nazareth sind weit von den wahren Lehren der Liebe und der Göttin entfernt, die Jesus auf diese Erde brachte.

Anhang

Musik wirkt sehr unterstützend. Daher solltest du dir wunderschöne Entspannungsmusik und ätherische Musik besorgen.

Für die Untermalung der Meditationen und der Einweihung empfehle ich dir die Musik von Äoliah, Michael Hammer oder Karunesh.

An bestimmten Teilen der Meditationen empfehle ich die folgende wunderbare Musik, die die Wirkung sehr gut unterstützt.

So empfehle ich für das Bad mit Sananda in der ersten Vorbereitungsmeditation:

"The Oh Of Pleasure" von der CD „Deep Breakfast" von Ray Lynch.

Im Anschluss daran, wenn du im Kreis deiner Lieben deinen Seelenton findest, hat sich von Vangelis das Musikstück „Twelve O'Clock" auf der CD „Heaven & Hell" oder auf der CD „Greatest Hits" von Vangelis als sehr unterstützend erwiesen.

Für die Meditation der Göttin am ersten Tag der Einweihung ist „Garden of the Gods" von Deuter wunderschön.

In der Einweihung selbst legst du am besten sanfte Heilungsmusik auf, die nicht zu oft gewechselt werden sollte.

Das Zusatzset für die Einweihung, bestehend aus

- Meisteressenz
- Gold-Diamant-Essenz
- Salbungsöl
- Karmaentlastungsbad für den ersten Abend vor der großen Einweihung
- Goldene Aura-Spray zur Vorbereitung des Raums und der Aura

kannst du unter folgenden Anschriften direkt bestellen:

Blaue Lichtburg
In der Steubach 1
57614 Woldert (Ww.)
Tel.: 02684-97 88 08
Fax: 02684-97 88 05
info@blaue-lichtburg.de
www.blaue-lichtburg.de

oder

Eva-Maria Ammon unter
seelenklang@ancienthealing.de

Hier erhältst du auch die Zugangsdaten zum Forum, zu dem alle Freunde Zugang erhalten, die den wundervollen Weg des *Ancient-Master-Healing* erfahren haben oder erfahren wollen.

Eva-Maria Ammon
Aufgestiegene Meister bringen Heilung für die Welt
176 Seiten, A5, broschiert
ISBN 978-3-938489-19-2

Eva-Maria Ammon dient seit mehr als 20 Jahren als Channel Medium der Großen Weißen Bruderschaft, und so ist auch dieses Arbeitsbuch gemeinsam mit den Aufgestiegenen Meistern Sanandá, St. Germain, Sanat Kumara, Lady Nada, Kwan Yin, El Morya sowie dem Erzengel Ezechiel entstanden.
Nach intensiver Klärungsarbeit erfolgt eine Einweihung von St. Germain in die Violette Flamme des Aufstiegs, um dann im nächsten Schritt mit Lady Kwan Yin Karma erlösen zu dürfen – altes wie auch neues, das wir im Alltag immer wieder neu kreieren können. Diese wunderschönen Botschaften und Übungen sind daher für viele Menschen eine praktische Hilfe auf dem spirituellen Weg.

Eva-Maria Ammon
Lady Rowena – Die Kraft der Göttin in dir
Ein Heilungsbuch
248 Seiten, broschiert
ISBN 978-3-938489-43-7

Lady Rowena erinnert uns an unsere enge Verbundenheit mit Mutter Erde (Gaia), der Göttin (weiblicher Anteil der Quelle), den Kristallen und dem Universum.
Sie zeigt uns mit ihrer liebevollen Energie den Weg, wie wir das Heilsein und die Ganzheit in unser Leben integrieren und in Liebe Heilung in das Leben eines jeden bringen können.
Ein Praxis-Heilungsbuch für die Zeit der Weiblichkeit in jedem Menschen, die auf unserer Erde geschunden und verraten wurde und in uns allen neu erwachen will, damit Frieden, Liebe und Licht auf der Erde zur Wahrheit werden.

Petra Aiana Freese
Lady Portia – Die vier Kräfte der neuen Weiblichkeit
144 Seiten, A 5, broschiert
ISBN 978-3-938489-53-6

Auf Grund ihrer tiefen Liebe zur vollkommenen Schöpfung und der Großen Göttin macht uns die Aufgestiegene Meisterin Lady Portia ein Konzept zum Geschenk, mit dem wir uns als vollständige und freudvolle Wesen der Großen Göttin kennen, verstehen und lieben lernen, indem wir die vier Aspekte in uns leben und lieben: Die Priesterin, die Lehrerin, die Heilerin und die Kriegerin.
Mit ihrer Hilfe gelingt es, uns als Frauen klar und neu zu definieren und somit auch das mannigfaltige Leid unserer Ahninnen und das von Gaia zu heilen.
Und daher wünscht sie sich, dass auch Männer dieses Buch lesen und umsetzen, wenn sie bereit sind, sich auf ihre weibliche Seite einzulassen.

Jahn J Kassl
Die Jesus Biografie – Mein Leben auf Erden
168 Seiten, A 5, gebunden, mit Leseband
ISBN 978-3-938489-58-1

Wie und wo verbrachte Jesus seine Kindheit? Warum wurde Johannes der Täufer wirklich getötet? Wer war Maria Magdalena? Wie verwandelte sich Wasser in Wein? Was sättigte die fünf Tausend? Wie verstehen wir SEINE Botschaften? Wodurch erklärt sich das „Phänomen" der Stigmata? Was ereignete sich in jener Nacht, als Jesus verhaftet wurde, tatsächlich? Was hat es mit dem „Tod am Kreuz" auf sich? War das Grab leer?

Diesen und vielen anderen Antworten werdet ihr in diesem Buch begegnen, - eine Begegnung, die euer Leben verändern kann, denn ihr begegnet SEINER Kraft und SEINER ewigen Liebe zu den Menschen.

Birgit Maria und Peter Niedner
Gesetze des Alls
680 Seiten, A 5, gebunden, mit Leseband
ISBN 978-3-938489-55-0

Im Auftrag und mit ständiger Führung durch die Geistige Welt entstand dieses Buch über die Universellen Gesetze. Drei Jahre arbeiteten die Autoren, um dieses Werk in die Manifestation zu bringen, da es ein großes Anliegen der Geistigen Welt war, Wissen unter uns Menschen zu bringen und das Wissen der Gesetze, die all überall Gültigkeit haben, in unseren Köpfen zu verankern, wir sozusagen die Möglichkeit erhalten, dieses allumfassende Wissen zu integrieren und es zu leben. Zu diesen Gesetzen gehören u.a. Gesetz von Ursache und Wirkung, Gesetz der Polarität, Gesetz der Anziehung.
Die Aufgestiegenen Meister Jesus Sananda, St. Germain, Serapis Bey, Hilarion u.a. sowie die Erzengel Michael und Metatron ziehen durch die Art ihrer Sprache den Leser von Anfang an in ihren Bann.

Rosemarie Gehring
Meditationen für ein glückliches BewusstSein
168 Seiten, A 5, broschiert
ISBN 978-3-938489-57-4

Die geistige Ebene hat über die Autorin den Menschen Meditationen zur Verfügung gestellt, durch die diese ihr Leben positiv beeinflussen und aus der Schwere in die Leichtigkeit gelangen können, damit sich ihr Leben in die richtige Richtung entwickeln kann. Die wundervolle Kraft der Meditationen und Affirmationen für sich selbst und das eigene Umfeld bringen Licht und Liebe in die Welt und heilen im Wechselspiel auch unsere Mutter Erde.

Patrizia Pfister
Kryon - Weckruf für die Menschheit
Zurück zur Quelle
528 Seiten, A5, gebunden, mit Leseband
ISBN 978-3-938489-60-4

In Weckruf für die Menschheit Reihe geht es darum, das Wesen der Lichtkörper und ihrer Chakrensysteme näher zu beleuchten, denn über den Aufbau dieser Systeme und die Thematik der Chakren lassen sich Symptome der verschiedensten Art schneller eingrenzen und besser verstehen und durch „Bearbeitung" auflösen. So zeigt Kryon, dass es drei verschiedene Lichtkörper gibt: Der Irdische, der Galaktische und der Kosmische. Mit über 50 s/w Abbildungen und mehr als 100 Farbtafeln, die mit der Energie der Gnade geladen sind und mit deren Hilfe diese Chakren, Lichtkörperschichten und die Kanäle dazwischen aktiviert bzw. von Blockaden befreit werden. **Ein Arbeitsbuch für Fortgeschrittene!**

Angelika Balde
Das Maya-Regenbogen-Set
Gechannelt von den Plejaden
Kartenset mit 23 Heilkarten und Begleitbüchlein in Stulpbox
ISBN 978-3-938489-50-5

Geführt und gechannelt vom Herzen der Plejaden entstand ein völlig neues Kartenset, basierend auf den alten Glyphen der Mayas, und ein neues System der Numerologie.
Die Fünfte Dimension - die Ebene der Schöpfergötter - kennt keine geistigen Grenzen - keine Dogmen. Jeder Gedanke, jedes Gefühl, jedes Wort ist schöpferisch. Somit ist der Einzelne die Sonne seines eigenen Universums.
Das Kartenset bietet unzählige Varianten, sich spielerisch aus der polaren Welt von Licht und Schatten zu befreien, um vollkommen frei - im Sinne des Ganzen - auf dem eigenen Instrument seiner Seele zu spielen...

Kerstin Simoné
Die Thoth-Meditationen (CD)
ISBN 978-3-938489-61-1
Lauflänge 62 Minuten

Auf dieser CD finden Sie ausgewählte Meditationen aus dem Buch Thoth – Die Pforten von Atlantis, sowie die wichtige Schutzanrufung gegen schädigende Hochfrequenzen aus Thoth - Projekt Menschheit (beide erschienen im Smaragd Verlag). Außerdem hat Thoth bereits eine immens wichtige Meditation mit der Technik zur Erweckung der vollkommenen Geisteskraft, - aus seinem dritten Buch, das im Juni 2008 im Smaragd Verlag erscheinen wird, freigegeben. Lassen Sie sich also überraschen und folgen Sie den liebevollen Anweisungen von Thoth, die durch die Stimme von Kerstin Simoné gesprochen werden und spüren Sie, wie die Energie von Thoth Ihr gesamtes Sein durchflutet und sich auch auf Ihre Zellen überträgt.